U0105050

古典文獻研究輯刊

三五編

潘美月・杜潔祥 主編

第 20 冊

王陽明詩集編年校注（下）

趙永剛 著

國家圖書館出版品預行編目資料

王陽明詩集編年校注（下）／趙永剛 著 -- 初版 -- 新北市：
花木蘭文化事業有限公司，2022〔民 111〕
目 8+180 面；19×26 公分
（古典文獻研究輯刊 三五編；第 20 冊）
ISBN 978-626-344-122-4（精裝）
1.CST：（明）王守仁 2.CST：中國詩 3.CST：作品集
011.08   111010309

ISBN-978-626-344-122-4

9 786263 441224

古典文獻研究輯刊
三五編　第二十冊　　　　　　　ISBN：978-626-344-122-4

王陽明詩集編年校注（下）

作　　者　趙永剛
主　　編　潘美月、杜潔祥
總 編 輯　杜潔祥
副總編輯　楊嘉樂
編輯主任　許郁翎
編　　輯　張雅淋、潘玟靜、劉子瑄　美術編輯　陳逸婷
出　　版　花木蘭文化事業有限公司
發 行 人　高小娟
聯絡地址　235 新北市中和區中安街七二號十三樓
　　　　　電話：02-2923-1455／傳真：02-2923-1452
網　　址　http://www.huamulan.tw 信箱 service@huamulans.com
印　　刷　普羅文化出版廣告事業
初　　版　2022 年 9 月
定　　價　三五編 39 冊（精裝）新台幣 98,000 元
版權所有・請勿翻印

王陽明詩集編年校注（下）

趙永剛　著

目次

居越詩三十四首

正德辛巳年歸越後作。

歸興二首

【編年】

此組詩正德十六年（1521）八月作於浙江紹興。

其一

百戰歸來白髮新〔一〕，青山從此作閒人。峰攢尚憶衝蠻陣，雲起猶疑見虜塵。島嶼微茫滄海暮，桃花爛漫武陵春。而今始信還丹訣〔二〕，卻笑當年識未真。

【校注】

〔一〕百戰歸來白髮新：陽明《宿淨寺四首》其三：「百戰歸來一病身，可看時事更愁人。」

〔二〕還丹訣：道家煉製九轉還丹的訣竅。道家合九轉丹與朱砂再次提煉而成的仙丹。自稱服後可以即刻成仙。晉・葛洪《抱朴子・金丹》：「若取九轉之丹，內神鼎中，夏至之後，爆之鼎，熱，內朱兒一斤於蓋下，伏伺之。候日精照之，須臾，翕然俱起，煌煌輝輝，神光五色，即化為還丹。取而服之一刀圭，即白日昇天。」宋・楊億《職方彭貟外惟節知韶州》：「仙經舊得還丹訣，郎位高分列宿光。」

其二

歸去休來歸去休，千貂不換一羊裘〔一〕。青山待我長為主，白髮從

他自滿頭。種菜移花新事業，茂林修竹舊風流〔二〕。多情最愛滄洲伴，日日相呼理釣舟。

【校注】

〔一〕千貂不換一羊裘：此句用百里奚、嚴光典故。《史記・秦本紀》：「（繆公）五年，晉獻公滅虞、虢，虜虞君與其大夫百里傒，以璧馬賂於虞故也。既虜百里傒，以為秦繆公夫人媵於秦。百里傒亡秦走宛，楚鄙人執之。繆公聞百里傒賢，欲重贖之，恐楚人不與，乃使人謂楚曰：『吾媵臣百里傒在焉，請以五羖羊皮贖之。』楚人遂許與之。當是時，百里傒年已七十餘。繆公釋其囚，與語國事。謝曰：『臣亡國之臣，何足問？』繆公曰：『虞君不用子故亡，非子罪也。』固問，語三日，繆公大說，授之國政，號曰五羖。」《後漢書・嚴光傳》：「嚴光，字子陵，一名遵，會稽餘姚人也。少有高名，與光武同遊學。及光武即位，光乃變名姓，隱身不見。帝思其賢，乃令以物色訪之。後齊國上言有一男子披羊裘釣澤中，帝疑其光，乃備安車玄纁，遣使聘之，三反而後至。」

〔二〕茂林修竹舊風流：晉・王羲之《蘭亭集序》：「此地有崇山峻嶺，茂林修竹。」蘭亭修禊，是魏晉風流的代表。陽明百戰歸來，定居紹興，紹興正是當年蘭亭舊地，故曰舊風流。

次謙之韻〔一〕

珍重江船冒暑行，一宵心話更分明。須從根本求生死，莫向支流辨濁清。久奈世儒〔二〕橫臆說，競搜物理外人情。良知底用安排得〔三〕，此物由來自渾成。

【編年】

此詩正德十六年（1521）六月作於江西南昌。

【校注】

〔一〕次謙之韻：指鄒守益《贈陽明先生》，其詩曰：「短棹三年衝盛暑，迷途萬里睹重明。讖符沙井西山定，派接濂溪贛水清。傅野初關霖雨夢，東人誰慰繡裳情？瞻依多少丹邱興，慚愧經時煉未成。」

〔二〕世儒：程朱理學影響的儒者。陽明《傳習錄》卷下：「先生曰：『吾教人致良知在格物上用功，卻是有根本的學問，日長進一日，愈久愈覺精明。世儒教

人事事物物上尋討，卻是無根本的學問，方其壯時，雖暫能外面修飾，不見有過，老則精神衰邁，終須放倒。譬如無根之樹，移栽水邊，雖暫時鮮好，終久要憔悴。」

〔三〕良知底用安排得：良知是人心本然狀態，無須人為過多干預。陽明《傳習錄》卷中：「思曰睿，睿作聖。心之官則思，思則得之，思其可少乎？沉空守寂與安排思索，正是自私用智，其為喪失良知一也。良知是天理之昭明靈覺處。故良知即是天理，思是良知之發用。若是良知發用之思，則所思莫非天理矣。良知發用之思，自然明白簡易，良知亦自能知得。若是私意安排之思，自是紛紜勞擾，良知亦自會分別得。蓋思之是非邪正，良知無有不自知者，所以認賊作子，正為致知之學不明，不知在良知上體認之耳。」

再遊浮峰次韻

廿載風塵始一回〔一〕，登高心在力全衰〔二〕。偶懷勝事乘春到，況有良朋自遠來〔三〕。還指松蘿尋舊隱，撥開雲石翦蒿萊〔四〕。後期此別知何地？莫厭花前勸酒盃。

【編年】

此詩嘉靖二年（1523）二月作於浙江紹興。《傳習錄》卷下：「癸未春，鄒謙之來越問學。居數日，先生送別於浮峰。是夕，與希淵諸友移舟宿延壽寺，秉燭夜坐。先生慨悵不已，曰：『江濤煙柳，故人條在百里外矣！』一友問曰：『先生何念謙之之深也？』先生曰：『曾子所謂以能問於不能，以多問於寡，有若無，實若虛，犯而不校，若謙之者良近之矣。』」

【校注】

〔一〕廿載風塵始一回：弘治十六年（1503），陽明首次登臨浮峰，作《遊牛峰寺四首》，至本年再次登臨，前後恰好為二十年。

〔二〕登高心在力全衰：陽明本年五十二歲，身老體弱，氣力衰憊。

〔三〕況有良朋自遠來：《論語・學而》：「子曰：『學而時習之，不亦說乎？有朋自遠方來，不亦樂乎？人不知而不慍，不亦君子乎？』」此處良朋是指鄒守益。

〔四〕蒿萊：野草。《韓詩外傳》卷一：「原憲居魯，環堵之室，茨以蒿萊。」晉・張茂先《鷦鷯賦》：「鷦鷯，小鳥也。生於蒿萊之間，長於藩籬之下，翔集尋常之內，而生生之理足矣。」

夜宿浮峰次謙之韻〔一〕

日日春山不厭尋，野情原自懶朝簪〔二〕。幾家茅屋山村靜，夾岸桃花溪水深〔三〕。石路草香隨鹿去，洞門蘿月聽猿吟。禪堂坐久發清磬，卻笑山僧亦有心。

【編年】

此詩嘉靖二年（1523）二月作於浙江紹興。

【校注】

〔一〕謙之韻：即鄒守益《同郭善夫魏師顏宿陽明洞》，詩曰：「躡足青霄石萬尋，謝墩何處更投簪？雲穿草樹春亭靜，水點桃花洞口深。屋漏浮塵參秘訣，匡床剪燭動幽吟。千年射的誰能中？莫遣桑蓬負壯心。」

〔二〕朝簪：朝廷官員的冠帶服飾。唐·張九齡《出為豫章郡途次廬山東巖下》：「紛吾嬰世網，數載忝朝簪。」

〔三〕幾家茅屋山村靜，夾岸桃花溪水深：茅屋、桃花對仗，乃詩中習見修辭，如宋·李曾伯《全州道間》其一：「竹裏幾椽茅屋，門前一樹桃花。」宋·汪莘《東行途中有感》：「一路桃花愁殺人，柳塘茅屋正宜春。」宋·陳曦《薑山後巖洞》：「茅屋在何處，桃花流水來。」

【著錄】

明·曹學佺編《石倉歷代詩選》卷四百五十五著錄此詩；清·彭孫貽輯《明詩鈔》卷九著錄此詩，題為《夜宿浮峰》；清·張豫章輯《四朝詩》卷二十三著錄此詩。

再遊延壽寺次舊韻〔一〕

歷歷溪山記舊蹤，寺僧遙住翠微重。扁舟曾泛桃花入，岐路新多草樹封。谷口鳥聲兼伐木〔二〕，石門煙火出深松。年來百好俱衰薄，獨有幽探〔三〕興尚濃。

【編年】

此詩嘉靖二年（1523）二月作於浙江紹興。

【校注】

〔一〕舊韻：指弘治十六年（1503），陽明所作《遊牛峰寺四首》之其一：「洞門春靄蔽深松，飛磴纏空轉石峰。猛虎踞崖如出柙，斷螭蟠頂訝懸鐘。金城絳闕

應無處，翠壁丹書尚有蹤。天下名區皆一到，此山殊不厭來重。」其二：「縈紆鳥道入雲松，下數湖南百二峰。巖犬吠人時出樹，山僧迎客自鳴鐘。凌飆陟險真扶病，異日探奇是舊蹤。欲扣靈關問丹訣，春風蘿薜隔重重。」

〔二〕谷口鳥聲兼伐木：《詩經·小雅·伐木》：「伐木丁丁，鳥鳴嚶嚶。出自幽谷，遷于喬木。嚶其鳴矣，求其友聲。相彼鳥矣，猶求友聲。矧伊人矣，不求友生。神之聽之，終和且平。」

〔三〕幽探：探尋幽遠美景。宋·朱熹《次張彥輔賞梅韻》：「幽探自出塵境外，勝裡未許兒曹知。」

【著錄】

明·曹學佺編《石倉歷代詩選》卷四百五十五著錄此詩。

碧霞池夜坐

一雨秋涼入夜新，池邊孤月倍精神。潛魚水底傳心訣，棲鳥枝頭說道真。莫謂天機非嗜欲〔一〕，須知萬物是〔1〕吾身〔二〕。無端禮樂紛紛議〔三〕，誰與青天掃宿塵？

【編年】

此詩嘉靖三年（1524）作於浙江紹興。錢德洪《陽明先生年譜》：「（嘉靖三年八月），是時大禮議起，先生夜坐碧霞池上，有詩曰：『一雨秋涼入夜新，池邊孤月倍精神。潛魚水底傳心訣，棲鳥枝頭說道真。莫謂天機非嗜欲，須知萬物本吾身。無端禮樂紛紛議，誰與青天掃宿塵？』又曰：『獨坐秋庭月色新，乾坤何處更閑人？高歌度與清風去，幽意自隨流水春。千聖本無心外訣，六經須拂鏡中塵。卻憐擾擾周公夢，未及惺惺陋巷貧。』蓋已示其微矣。四月，服闋，朝中屢疏引薦。霍兀厓、席元山、黃宗賢、黃宗明先後皆以禮問，竟不答。」

【校勘】

〔1〕是，錢德洪《陽明先生年譜》作本〔註1〕。

【校注】

〔一〕嗜欲：嗜好與欲望。《荀子·性惡》：「妻子具而孝衰於親，嗜欲得而信衰於

〔註1〕龔曉康、趙永剛主編《王陽明年譜輯存（一）》，貴州大學出版社，2008年版，第113頁。

友，爵祿盈而忠衰於君。」

〔二〕萬物是吾身：大人者與天地萬物為一體，是陽明哲學的重要內容和基本信
念。如陽明《答聶文蔚》：「夫人者，天地之心。天地萬物，本吾一體者也。
生民之困苦荼毒，孰非疾痛之切於吾身者乎？不知吾身之疾痛，無是非之心
者也。是非之心，不慮而知，不學而能，所謂良知也。良知之在人心，無間於
聖愚，天下古今之所同也。世之君子，惟務致其良知，則自能公是非，同好
惡，視人猶已，視國猶家，而以天地萬物為一體。求天下無治，不可得矣。」

〔三〕無端禮樂紛紛議：指嘉靖初年的大禮議，陽明之友生如黃綰、席書、霍韜等
都參與其事，他們也曾多次徵詢陽明意見，陽明對此事非常淡漠，不願捲入
其中。

秋聲

秋來萬木發天聲，點瑟〔一〕回琴〔二〕日夜清。絕調迴隨流水遠，餘
音細入晚雲輕。洗心真已空千古，傾耳誰能辨九成〔三〕？徒使清風傳律
呂，人間瓦缶正雷鳴。

【編年】

此詩嘉靖三年（1524）作於浙江紹興。此詩嘉靖三年（1524）作於浙江
紹興。錢德洪《陽明先生年譜》：「（嘉靖三年），九月。《秋聲》：『秋來萬木發
天聲，點瑟回琴日夜清。絕調迴隨流水遠，餘音細入晚雲輕。洗心空已真千
古，傾耳誰能辨九成？徒使清風傳律呂，人間瓦缶正雷鳴。』」〔註2〕

【校注】

〔一〕點瑟：《論語・先進》：「『點，爾何如？』鼓瑟希，鏗爾，舍瑟而作，對曰：
『異乎三子者之撰。』子曰：『何傷乎？亦各言其志也。』曰：『莫春者，春
服既成。冠者五六人，童子六七人，浴乎沂，風乎舞雩，詠而歸。』夫子喟
然歎曰：『吾與點也！』」

〔二〕回琴：《列子・仲尼》：「仲尼閒居，子貢入侍，而有憂色。子貢不敢問，出告
顏回。顏回援琴而歌。孔子聞之，果召回入，問曰：『若奚獨樂？』回曰：『夫
子奚獨憂？』孔子曰：『先言爾志。』曰：『吾昔聞之夫子曰：樂天知命故不
憂，回所以樂也。』孔子愀然有閒曰：『有是言哉？汝之意失矣。此吾昔日之

〔註2〕龔曉康、趙永剛《王陽明年譜輯存（一）》，第113頁。

言爾,請以今言為正也。汝徒知樂天知命之無憂,未知樂天知命有憂之大也。今告若其實:修一身,任窮達,知去來之非我,亡變亂於心慮,爾之所謂樂天知命之無憂也。曩吾修詩書,正禮樂,將以治天下,遺來世;非但修一身,治魯國而已。而魯之君臣日失其序,仁義益衰,情性益薄。此道不行一國與當年,其如天下與來世矣?吾始知詩書、禮樂無救於治亂,而未知所以革之之方,此樂天知命者之所憂。雖然,吾得之矣。夫樂而知者,非古人之所謂樂知也。無樂無知,是真樂真知;故無所不樂,無所不知,無所不憂,無所不為。詩書、禮樂,何棄之有?革之何為?』顏回北面拜手曰:『回亦得之矣。』出告子貢。子貢茫然自失,歸家淫思七日,不寢不食,以至骨立。顏回重往喻之,乃反丘門,弦歌誦書,終身不輟。」

〔三〕九成:樂聲九變。《尚書·益稷》:「簫韶九成,鳳皇來儀。」孔穎達疏:「成猶終也,每曲一終,必變更奏。故《經》言九成,《傳》言九奏,《周禮》謂之九變,其實一也。」

林汝桓以二詩寄次韻為別

【編年】

此組詩嘉靖四年(1525)作於浙江紹興。

林汝桓:林應聰,《明史·林應聰傳》:「林應聰,亦莆田人。明衡同年進士。授戶部主事。嘉靖初,尚書孫交核各官莊田。帝以其數稍參差,有旨詰狀。應聰言:『部疏,臣司檢視,即有誤,當罪臣。尚書總領部事,安能遍閱?今旬日間,戶、工二部尚書相繼令對狀,非尊賢優老之意。』疏入,奪俸。以救澍等,謫徐聞縣丞。代其長朝觀,疏陳時事,多議行。」

《道光廣東通志》卷二百六十三《謫宦錄》:「林應聰,字汝桓,莆田人。由進士任戶部員外郎。嘉靖初,議禮謫丞徐聞,風采節概,名重一時,在任未久,修鄉賢、名宦二祠。以公委出,尋落職,公論惜之。」

《王文成公全書》卷二十四《題夢槎奇遊詩卷》曰:「林君汝桓之名,吾聞之蓋久,然皆以為聰明特達者也,文章氣節者也。今年夏,聞君以直言被謫,果信其為文章氣節者矣。又踰月,君取道錢塘,則以書來道其相愛念之厚,病不能一往為恨。且惓惓以聞道為急,問學為事。嗚呼!君蓋知學者也,志於道德者也,寧可專以文章氣節稱之?已而郡守南君元善示予以《夢槎奇遊卷》,蓋京師士友贈之南行者。」文中所言林汝桓「以書來道其相愛念之

厚」，書信中可能附有贈陽明之詩，陽明此組詩之作，蓋林詩之和作。又，陽明《題夢槎奇遊詩卷》作於嘉靖四年乙酉，且其文曰「已而郡守南君元善示予以《夢槎奇遊卷》」，「已而」二字表明《題夢槎奇遊詩卷》與此組詩之作時間相隔不遠，故此組詩之作亦在本年。

其一

斷雲微日半晴陰，何處高梧有鳳鳴。星漢浮槎先入夢〔一〕，海天波浪不須驚。魯郊已自非常典，膰肉寧為脫冕行〔二〕。試向滄浪歌一曲〔三〕，未云不是九韶聲。

【校注】

〔一〕星漢浮槎先入夢：林應聰著有《夢槎奇遊卷》。陽明對此詩卷有題記，同時代學者亦有題詩，如明・鄭岳《題林汝桓戶曹夢槎奇遊卷》：「地盡南溟杳，雲橫北闕深。敢為浮海嘆，共識濟川心。渴飲萊公井，閒聽單父琴。扶桑看曉日，直上閬風岑。」

〔二〕魯郊已自非常典，膰肉寧為脫冕行：此二句用《史記・孔子世家》典故，林應聰因嘉靖初年大禮議被謫官徐聞，與孔子因膰肉不至而離開魯國，有類似之處。《史記・孔子世家》：「定公十四年，孔子年五十六，由大司寇行攝相事。有喜色，門人曰：『聞君子禍至不懼，福至不喜。』孔子曰：『有是言也。不曰樂其以貴下人乎？』於是誅魯大夫亂政者少正卯，與聞國政三月，粥羔豚者弗飾賈，男女行者別於塗，塗不拾遺，四方之客至乎邑者，不求有司，皆予之以歸。齊人聞而懼，曰：『孔子為政必霸，霸則吾地近焉，我之為先並矣，盍致地焉？』犁鉏曰：『請先嘗沮之，沮之而不可，則致地庸遲乎？』於是選齊國中女子好者八十人，皆衣文衣而舞康樂，文馬三十駟，遺魯君。陳女樂文馬於魯城南高門外，季桓子微服往觀再三，將受。乃語魯君為周道遊，往觀終日，怠於政事。子路曰：『夫子可以行矣。』孔子曰：『魯今且郊，如致膰乎大夫，則吾猶可以止。』桓子卒受齊女樂，三日不聽政，郊又不致膰俎，於大夫孔子遂行。」

〔三〕試向滄浪歌一曲：《孟子・離婁上》：「孺子歌曰：『滄浪之水清兮，可以濯我纓；滄浪之水濁兮，可以濯我足。』孔子曰：『小子聽之，清斯濯纓，濁斯濯足矣，自取之也。夫人必自侮，然後人侮之；家必自毀，而後人毀之；國必自伐，而後人伐之。太甲曰：『天作孽，猶可違；自作孽，不可活。此之謂也。」

其二

堯舜人人學可齊，昔賢斯語豈無稽〔一〕？君今一日真千里，我亦當年苦舊迷。萬理由來吾具足〔二〕，六經原只是階梯〔三〕。山中儘有閒風月，何日扁舟更越溪？

【校注】

〔一〕堯舜人人學可齊，昔賢斯語豈無稽：孟子曾提出「人皆可以為堯舜」的觀點，《孟子·告子下》：「曹交問曰：『人皆可以為堯舜，有諸？』孟子曰：『然。』『交聞文王十尺，湯九尺，今交九尺四寸，以長食粟而已，如何則可？』曰：『奚有於是？亦為之而已矣。有人於此，力不能勝一匹雛，則為無力人矣；今曰舉百鈞，則為有力人矣。然則舉烏獲之任，是亦為烏獲而已矣。夫人豈以不勝為患哉？弗為耳。徐行後長者謂之弟，疾行先長者謂之不弟。夫徐行者，豈人所不能哉？所不為也。堯舜之道，孝弟而已矣。子服堯之服，誦堯之言，行堯之行，是堯而已矣。子服桀之服，誦桀之言，行桀之行，是桀而已矣。』」

陽明在孟子觀點的基礎上，進一步提出「聖人可學而至」的理論，《傳習錄》卷上：「希淵問：『聖人可學而至，然伯夷、伊尹於孔子才力終不同，其同謂之聖者安在？』先生曰：『聖人之所以為聖，只是其心純乎天理而無人欲之雜；猶精金之所以為精，但以其成色足而無銅鉛之雜也。人到純乎天理方是聖，金到足色方是精。然聖人之才力，亦有大小不同；猶金之分兩有輕重。堯、舜猶萬鎰，文王孔子猶九千鎰，禹、湯、武王猶七八千鎰，伯夷、伊尹猶四五千鎰。才力不同，而純乎天理則同，皆可謂之聖人；猶分兩雖不同，而足色則同，皆可謂之精金。以五千鎰者而入於萬鎰之中，其足色同也，以夷、尹而厠之堯、孔之間，其純乎天理同也。蓋所以為精金者，在足色，而不在分兩，所以為聖者，在純乎天理，而不在才力也。故雖凡人而肯為學，使此心純乎天理，則亦可為聖人，猶一兩之金比之萬鎰，分兩雖懸絕，而其到足色處，可以無愧。故曰：『人皆可以為堯舜』者以此。學者學聖人，不過是去人欲而存天理耳。猶鍊金而求其足色，金之成色所爭不多，則煆鍊之工省而功易成，成色愈下，則煆鍊愈難。人之氣質清濁粹駁，有中人以上、中人以下，其於道，有生知安行，學知利行，其下者必須人一己百，人十己千，及其成功則一。後世不知作聖之本是純乎天理，卻專去知識才能上求聖人，以為聖人無所不知，無所不能，我須是將聖人許多知識才能逐一理會始得。

故不務去天理上著工夫，徒弊精竭力，從冊子上鑽研、名物上考索、形迹上比擬。知識愈廣而人欲愈滋，才力愈多而天理愈蔽。正如見人有萬鎰精金，不務煆鍊成色，求無愧於彼之精純，而乃妄希分兩，務同彼之萬鎰，錫、鉛、銅、鐵雜然而投，分兩愈增而成色愈下，既其梢末，無復有金矣。』時曰仁在傍，曰：『先生此喻足以破世儒支離之惑，大有功於後學。』先生又曰：『吾輩用功，只求日減，不求日增。減得一分人欲，便是復得一分天理，何等輕快脫洒，何等簡易？』」

〔二〕萬理由來吾具足：即陽明心即理的觀點，《傳習錄》卷上：「愛問：『至善只求諸心，恐於天下事理有不能盡。』先生曰：『心即理也。天下又有心外之事，心外之理乎？』愛曰：『如事父之孝，事君之忠，交友之信，治民之仁，其間有許多理在，恐亦不可不察。』先生嘆曰：『此說之蔽久矣，豈一語所能悟？今姑就所問者言之。且如事父，不成去父上求箇孝的理；事君，不成去君上求箇忠的理；交友、治民，不成去友上、民上求箇信與仁的理。都只在此心，心即理也。此心無私欲之蔽，即是天理，不湏外面添一分。以此純乎天理之心，發之事父便是孝，發之事君便是忠，發之交友、治民便是信與仁。只在此心去人欲、存天理上用功便是。』愛曰：『聞先生如此說，愛己覺有省悟處。但舊說纏於胸中，尚有未脫然者。如事父一事，其間溫清定省之類，有許多節目，不亦湏講求否？』先生曰：『如何不講求？只是有箇頭腦，只是就此心去人欲、存天理上講求。就如講求冬溫，也只是要盡此心之孝，恐怕有一毫人欲間雜；講求夏清，也只是要盡此心之孝，恐怕有一毫人欲間雜，只是講求得此心。此心若無人欲，純是天理，是箇誠於孝親的心，冬時自然思量父母的寒，便自要去求箇溫的道理，夏時自然思量父母的熱，便自要去求箇清的道理，這都是那誠孝的心發出來的條件。卻是湏有這誠孝的心，然後有這條件發出來。譬之樹木，這誠孝的心便是根，許多條件便是枝葉，湏先有根，然後有枝葉，不是先尋了枝葉，然後去種根。《禮記》言孝子之有深愛者，必有和氣，有和氣者，必有愉色，有愉色者，必有婉容。須是有箇深愛做根，便自然如此。』」

〔三〕六經原只是階梯：王陽明晚年發揮良知之學，認為六經只是發明良知本心的媒介，並非學之根本，有時陽明還將六經稱之為「舊本子」。據尤時熙《尤西先生擬學小記》卷六《紀聞》：「予昔官國學，一日，同鄉許鈇田者，函谷先生冢嗣也，謂我曰：『聞君講陽明學。』予未有對。鈇田曰：『陽明與先人在

同年中最厚，且同志。後相別數年，及再會，先人舉舊學相證，陽明不言，但微笑，良久曰：吾輩此時只說自家話罷，還翻那舊本子作甚！蓋先人之學本六經，陽明則否。』」

月夜二首

與諸生歌於天泉橋。

【編年】

此組詩嘉靖三年（1524）作於浙江紹興。錢德洪《陽明先生年譜》：「（嘉靖）三年甲申，先生五十三歲，在越。八月，宴門人於天泉橋。中秋月白如畫，先生命侍者設席於碧霞池上，門人在侍者百餘人。酒半酣，歌聲漸動。久之，或投壺聚算，或擊鼓，或泛舟。先生見諸生興劇，退而作詩，有『鏗然舍瑟春風裏，點也雖狂得我情』之句。」

其一

萬里中秋月正晴，四山雲靄忽然生。須臾濁霧隨風散，依舊青天此月明。肯信良知原不昧〔一〕，從他外物豈能攖？老夫今夜狂歌發，化作鈞天〔二〕滿太清。

【校注】

〔一〕肯信良知原不昧：陽明堅信良知學說雖塵埋千載，但不會始終幽暗不明，而是昭靈不昧，萬理具足。陽明《答以乘憲副》：「此學不明於世久矣，而舊聞舊習障蔽纏繞，一旦驟聞吾說，未有不非詆疑議者。然此心之良知，昭然不昧，萬古一日，但肯平心易氣，而以吾說反之於心，亦未有不洞然明白者。」

〔二〕鈞天：鈞天廣樂的簡稱，即天上的仙樂。《史記・趙世家》：「趙簡子疾，五日不知人……居二日半，簡子寤。語大夫曰：『我之帝所甚樂，與百神遊於鈞天，廣樂九奏萬舞，不類三代之樂，其聲動人心。』」漢・張衡《西京賦》：「昔者大帝說秦繆公而觀之，饗以鈞天廣樂。」

【著錄】

清・高廷珍輯《東林書院志》卷二、清・鄒鍾泉撰《道南淵源錄》卷二著錄此詩。

其二

處處中秋此月明，不知何處亦群英。須憐絕學經千載，莫負男兒過

一生。影響尚疑朱仲晦〔一〕，支離羞作鄭康成〔二〕。鏗然舍瑟春風裏，點也雖狂得我情〔三〕。

【校注】

〔一〕朱仲晦：朱熹，字元晦，一字仲晦。

〔二〕支離羞作鄭康成：明·陳獻章《再和示子長》其二：「莫笑老慵無著述，真儒不是鄭康成。」陳來《有無之境》曰：「白沙門人為甘泉（湛若水），故甘泉早年特倡『自得』之學，陽明甚契之。而陽明所以重視自得二字，蓋已將儒釋道合為一體，凡有自得受用者胥肯定之。但甘泉後來主『隨事體認天理』，與師門固有一間矣。而陽明所謂『支離羞作鄭康成』，才是繼承了白沙『真儒不是鄭康成』的方向，夏東巖謂陽明之學全由白沙倡之，是實有所見。」〔註3〕

〔三〕鏗然舍瑟春風裏，點也雖狂得我情：陽明亦曾將此詩贈予夏尚樸，黃宗羲《明儒學案》卷七曰：「夏尚樸，字敦夫，號東巖，永豐人。從學婁一齋。登正德辛未進士，歷部屬守惠州山東提學道至南太僕少卿。逆瑾擅政，遂歸。王文成贈詩有『舍瑟春風』之句。先生答曰：『孔門沂水春風景，不出虞廷敬畏情。』先生傳主敬之學，謂纔提起便是天理，纔放下便是人欲。」

【集評】

〔明〕陳建《學蔀通辨》續編卷下：「按陽明學專說悟，雖六經猶視為糟粕、影響、故紙、陳編，而又何有於朱子？陽明一生尊信達磨、慧能，雖孔、曾、思、孟猶不免於疑，而尚何有於朱子？蓋儒釋之不相能，猶冰炭之不相入。朱子一生闢佛，而陽明以為至道，欲率天下而趨之，無惑乎牴牾朱子而亟加詆訾矣。羅整庵謂拾先賢所棄以自珍，反從而議其後。至哉斯言！」

秋夜

春園花木始菲菲，又是高秋落葉稀。天迴樓臺含氣象，月明星斗避光輝。閒來心地如空水，靜後天機見隱微。深院寂寥群動息〔一〕，獨憐烏鵲繞枝飛〔二〕。

〔註3〕陳來《有無之境——王陽明哲學的精神》，北京大學出版社，2013年版，第10頁。

【編年】

　　此詩嘉靖三年（1524）作於浙江紹興。束景南《王陽明年譜長編》：「（嘉靖三年）九月五日，朝廷定大禮，頒詔天下。陽明秋夜感懷國事，有『無端禮樂紛紛議』、『人間瓦缶正雷鳴』之嘆。」〔註4〕

【校注】

　〔一〕群動息：晉・陶潛《飲酒》其七：「日入群動息，歸鳥趨林鳴。」

　〔二〕烏鵲繞枝飛：三國・魏・曹操《短歌行》：「月明星稀，烏鵲南飛。繞枝三匝，何枝可依。」

【著錄】

　　明・曹學佺編《石倉歷代詩選》卷四百五十五、清・陳田輯《明詩紀事》丁籤卷十三著錄此詩。

夜坐

　　獨坐秋庭月色新，乾坤何處更閒人？高歌度與清風去，幽意自隨流水春。千聖〔一〕本無心外訣，六經須拂鏡中塵。卻憐擾擾周公夢〔二〕，未及惺惺陋巷貧〔三〕。

【編年】

　　此詩嘉靖三年（1524）作於浙江紹興。編年依據見《碧霞池夜坐》。

【校注】

　〔一〕千聖：儒門歷代聖賢。宋・朱熹《訓蒙絕句・聞知》：「見固能知聞亦知，雖聞如與見同時。只緣一本元無二，千聖已亡心在茲。」

　〔二〕擾擾周公夢：相傳周公曾製禮作樂，本年參與大禮議之諸臣，借議禮為倖進之階，無周公之才德，乃妄希周公之事業，故云擾擾。

　〔三〕陋巷貧：顏淵。《論語・雍也》：「子曰：『賢哉，回也！一簞食，一瓢飲，在陋巷，人不堪其憂，回也不改其樂。賢哉，回也！」

心漁歌為錢翁希明別號題

　　錢翁，德洪父。三歲雙瞽，好古博學，能詩文。

　　有漁者歌曰：「漁不以目惟以心，心不在魚漁更深。北溟之鯨殊小

小，一舉六鰲〔一〕未足歆。敢問何如其為漁耶？」曰：「吾將以斯道為網，良知為綱，太和為餌，天地為舫。絜之無意，散之無方。是謂得無所得，而忘無可忘者矣。」

【編年】

　　此詩嘉靖三年（1524）八月作於浙江紹興。錢德洪《陽明先生年譜》：「（正德三年八月），論聖學無妨於舉業。德洪携二弟德周、仲實讀書城南，洪父心漁翁往視之。魏良政、魏良器輩與遊禹穴諸勝，十日忘返。問曰：『承諸君相攜日久，得毋妨課業乎？』答曰：『吾舉子業無時不習。』家君曰：『固知心學可以觸類而通，然朱說亦須理會否？』二子曰：『以吾良知求晦翁之說，譬之打蛇得七寸矣，又何憂不得耶？』家君疑未釋，進問先生。先生曰：『豈特無妨，乃大益耳！學聖賢者，譬之治家，其產業、第宅、服食、器物皆所自置，欲請客，出其所有以享之；客去，其物具在，還以自享，終身用之無窮也。今之為舉業者，譬之治家，不務居積，專以假貸為功，欲請客，自廳事以至供具，百物莫不遍借，客幸而來，則諸貸之物一時豐裕可觀；客去，則盡以還人，一物非所有也；若請客不至，則時過氣衰，借貸亦不備；終身奔勞作，一竂人而已。是求無益於得，求在外也。』明年乙酉大比，稽山書院錢楩與魏良政並發解江、浙。家君聞之笑曰：『打蛇得七寸矣。』」

【校注】

〔一〕六鰲：神話傳說中負載五座仙山的六隻大龜。《列子·湯問》：「渤海之東，不知幾億萬里，有大壑焉，實惟無底之谷，其下無底，名曰歸墟。八紘九野之水，天漢之流，莫不注之，而無增無減焉。其中有五山焉：一曰岱輿，二曰員嶠，三曰方壺，四曰瀛洲，五曰蓬萊。其山高下周旋三萬里，其頂平處九千里，山之中間相去七萬里，以為鄰居焉。其上臺觀皆金玉，其上禽獸皆純縞，珠玕之樹皆叢生，華實皆有滋味，食之皆不老不死。所居之人皆仙聖之種，一日一夕飛相往來者，不可數焉。而五山之根無所連著，常隨潮波上下往還，不得暫峙焉。仙聖毒之，訴之於帝。帝恐流於西極，失群仙聖之居，乃命禺彊使巨鼇十五，舉首而戴之。迭為三番，六萬歲一交焉。五山始峙而不動。而龍伯之國有大人，舉足不盈數步而暨五山之所，一釣而連六鼇，合負而趣歸其國，灼其骨以數焉。於是岱輿、員嶠二山流於北極，沉於大海，仙聖之播遷者巨億計。」

登香爐峰次蘿石〔一〕韻

　　曾從爐鼎蹋天風，下數天南百二峰。勝事縱為多病阻，幽懷還與故人同。旌旗影動星辰北，鼓角聲廻滄海東〔二〕。世故茫茫渾未定，且乘溪月放歸篷。

【編年】

　　此詩嘉靖四年（1525）作於浙江紹興。此詩嘉靖四年（1525）作於浙江紹興。董澐《從吾道人語錄·日省錄》：「嘉靖乙酉八月二十三日，從先師往天柱峰，轉至朱華麓。」束景南《王陽明年譜長編》：「嘉靖四年八月二十三日，攜董澐、王畿諸門人秋遊，探禹穴，登香爐峰，上天柱峰，過朱華嶺、鑑湖、剡溪之間，隨地講學，有詩詠懷。」〔註5〕

【校注】

　〔一〕蘿石：陽明弟子董澐別號。明·黃綰《蘿石翁傳》：「董石翁者，不知何為人也。姓董氏，諱澐，字復宗，蘿石其別號也。」（《黃綰集》卷二十三）

　〔二〕旌旗影動星辰北，鼓角聲廻滄海東：旌旗、鼓角詩中常見對仗，如唐·劉禹錫《奉送裴司徒令公自東都留守再命太原》：「行色旌旗動，軍聲鼓角雄。」唐·杜牧《和野人殷潛之題籌筆驛十四韻》：「褒中秋鼓角，渭曲晚旌旗。」宋·王禹偁《送寇諫議赴青州》：「旌旗驅驛路，鼓角出郊坰。」

【著錄】

　　明·張元忭撰《萬曆會稽縣志》卷二著錄此詩，題為《登香爐》其一；明·張元忭撰《萬曆紹興府志》卷四著錄此詩，題為《登香爐》其一。

觀從吾〔一〕登爐峰絕頂戲贈

　　道人不奈登山癖，日暮猶思絕棧雲。巖底獨行穿虎穴，峰頭清嘯亂猿群〔二〕。清溪月出時尋寺，歸棹城隅夜欸門。可笑中郎無好興，獨留松院坐黃昏。

【編年】

　　此詩嘉靖四年（1525）作於浙江紹興。編年根據見《登香爐峰次蘿石韻》。

〔註5〕束景南《王陽明年譜長編》，第1695頁。

【校注】

〔一〕從吾：陽明弟子董澐別號。陽明《從吾道人記》：「海寧董蘿石者，年六十有八矣，以能詩聞江湖間。與其鄉之業詩者十數輩為詩社，旦夕操紙吟鳴，相與求句字之工，至廢寢食，遺生業。時俗共非笑之，不顧，以為是天下之至樂矣。嘉靖甲申春，蘿石來遊會稽，聞陽明子方與其徒講學山中，以杖肩其瓢笠詩卷來訪。……入而強納拜焉。陽明子固辭不獲，則許之以師友之間。與之探禹穴，登爐峰，陟秦望，尋蘭亭之遺迹，徜徉於雲門、若耶、鑑湖、剡曲。蘿石日有所聞，益充然有得，欣然樂而忘歸也。其鄉黨之子弟親友與其平日之為社者，或笑而非，或為詩而招之返，且曰：『翁老矣，何乃自苦若是耶？』蘿石笑曰：『吾方幸逃於苦海，方知憫若之自苦也，顧以吾為苦耶？吾方揚鬐於渤澥，而振翼於雲霄之上，安能復投網罟而入樊籠乎？去矣，吾將從吾之所好！』遂自號曰『從吾道人』。」明・黃綰《蘿石翁傳》：「晚聞陽明夫子講良知之說，趨聽數日，乃悔曰：『不爾，可稱人乎？』遂幡然就弟子列，時年六十七矣。舊所與遊，皆聞笑之，但曰：『吾從吾所好而已。』遂更號從吾道人。」（《黃綰集》卷二十二）

〔二〕巖底獨行穿虎穴，峰頭清嘯亂猿群：此二句形容董澐泉石嗜好之深。明・黃綰《蘿石翁傳》：「遇佳晨，輒攜親知，蕩舟江湖，拖屐雲山，凌危履險，吟嘯忘返，放浪形骸之外。凡所欲之，或衝風雪，或冒零雨，或乘夜月，雖虎豹交前，鬼魅伺途，眾不能從，亦獨行孤往不顧。」（《黃綰集》卷二十二）

【著錄】

明・張元忭撰《萬曆會稽縣志》卷二著錄此詩，題為《登香爐》其二；明・張元忭撰《萬曆紹興府志》卷四著錄此詩，題為《登香爐》其二；明・曹學佺編《石倉歷代詩選》卷四百五十五著錄此詩。

書扇贈從吾〔一〕

君家只在海西隈〔二〕，日日寒潮去復廻。莫遣扁舟成久別，爐峰〔三〕秋月望君來。

【編年】

此詩嘉靖四年（1525）作於浙江紹興。束景南《王陽明年譜長編》：「嘉靖

四年九月，蘿石董澐歸海鹽，陽明有詩送別，並作《從吾道人記》贈之。」〔註6〕

【校注】

〔一〕從吾：董澐號從吾道人。

〔二〕海西隈：據陽明《從吾道人記》知董澐為浙江海寧人，故曰海西隈。

〔三〕爐峰：即香爐峰，在今紹興東部。《乾隆浙江通志》卷十五：「茅峴，《輿地紀勝》：『在縣東一十八里，茅君隱於此，一名玉笥。出美玉。山之陽曰香爐峰。』」

【著錄】

明·曹學佺編《石倉歷代詩選》卷四百五十五著錄此詩。

嘉靖甲申冬二十一日再登秦望自弘治戊午〔一〕登後二十七年矣將下適董蘿石〔二〕與二三子來復坐久之暮歸同宿雲門僧舍

初冬風日佳〔三〕，杖策登崔嵬。自予羈宦迹，久與山谷違。屈指廿七載，今茲復一來。沿溪尋往路，歷歷皆所懷。躋險還屢息，興在知吾衰。薄午際峰頂，曠望〔四〕未能回。良朋亦偶至，歸路相徘徊。夕陽飛鳥靜，群壑風泉哀。悠悠觀化意，點也可與偕。

【編年】

此詩嘉靖三年（1524）作於浙江紹興。

【校注】

〔一〕弘治戊午：弘治十一年（1498），陽明等秦望山，並作詩《登秦望山用壁間韻》。

〔二〕董蘿石：董澐，早年號蘿石。

〔三〕風日佳：風光秀美。宋·方岳《題陳叔茂二亭觀瀾》：「天晴風日佳，試叩二三子。」

〔四〕曠望：遠望。南朝·齊·謝朓《郡內高齋閑坐答呂法曹》：「結構何迢遞，曠望極高深。」

山中漫興

清晨急雨度林扉，餘滴煙梢尚濕衣。隔水霞明桃亂吐〔一〕，沿溪風

煖藥初肥〔二〕。物情到底能容懶，世事從前頓覺非。自擬春光還自領，好誰歌詠月中歸。

【編年】

此詩嘉靖四年（1525）二月作於浙江紹興。束景南《王陽明年譜長編》：「（嘉靖四年）二月，山中桃花盛開，有詩感懷。」〔註7〕條目下著錄此詩。

【校注】

〔一〕桃亂吐：桃花盛開，古典詩歌中常以吐字形容花之盛開，如唐·李白《古風》其二十五：「所以桃李樹，吐花竟不言。」唐·張琰《春詞二首》其二：「昨日桃花飛，今朝梨花吐。」

〔二〕藥初肥：古典詩歌中常以肥字形容藥苗的茂盛，如唐·吳融《即事》：「雲裡引來泉脈細，雨中移得藥苗肥。」宋·司馬光《寄清逸魏處士》：「茅閣松杉冷，山園藥草肥。」

【著錄】

明·曹學佺編《石倉歷代詩選》卷四百五十五著錄此詩。

挽潘南山〔一〕

聖學宮墻亦久荒〔二〕，如公精力可升堂〔三〕。若為千古經綸手，只作終年著述忙。末俗澆漓〔四〕風益下，平生辛苦意難忘。西風一夜山陽笛〔五〕，吹盡南岡落木霜。

【編年】

此詩嘉靖五年（1526）作於浙江紹興。束景南《王陽明年譜長編》：「（嘉靖五年）六月二十二日，南山潘府卒，陽明有詩挽之。」〔註8〕

【校注】

〔一〕潘南山：潘府。黃宗羲《明儒學案》卷四十六曰：「潘府，號南山，浙之上虞人。弘治辛丑進士。累官至提學副使，終養不出。後以薦陞太僕寺少卿，改太常寺，致仕。嘉靖五年六月癸酉卒。先生性至孝，嘗疏請行三年之喪。又上《聖學淵源》、《中興治要》諸疏。故事四品有祭無葬，上以其孝行特給之。蕺山先師議以先生配享尹和靖。按先生正當文成講學之時，當有往來問

〔註7〕束景南《王陽明年譜長編》，第1671頁。
〔註8〕束景南《王陽明年譜長編》，第1778頁。

難，而今不可攷見矣。」〔註9〕按：弘治十八年中無辛丑，故關於潘府中進士的時間，黃宗羲記載有誤。據明·雷禮《國朝列卿紀》卷一百五十三曰「（潘府）成化丁未進士」，又據《乾隆浙江通志》卷一百三十六曰「潘府，上虞人，丁未會魁」，可知潘府中進士是在成化二十三年（1487）。陽明與潘府有較為密切之交往，其五經皆史的觀點，有可能是受到潘府的影響。陽明曰：「以事言謂之史，以道言謂之經。事即道，道即事。《春秋》亦經，五經亦史。《易》是包犧氏之史，《書》是堯舜以下史，《禮》、《樂》是三代史。」潘府曰：「五經皆史也。《易》之史奧，《書》之史實，《詩》之史婉，《禮》之史詳，《春秋》之史嚴，其義則一而已。」〔註10〕

〔二〕聖學宮墻亦久荒：宮室的圍墻。《論語·子張》：「叔孫武叔語大夫於朝曰：『子貢賢於仲尼。』子服景伯以告子貢。子貢曰：『譬之宮牆，賜之牆也及肩，窺見室家之好。夫子之牆數仞，不得其門而入，不見宗廟之美，百官之富。得其門者或寡矣，夫子之云，不亦宜乎？』」陽明認為儒門正統之學，受後世功利俗學之干擾，已失去其本來面目。如嘉靖四年（1525）《答顧東橋》曰：「三代以降，教者不復以此為教，而學者不復以此為學。霸者之徒，竊取先生之近似者假之於外，以內濟其私，天下靡然宗之，聖人之道遂以蕪塞。世之儒者慨然悲傷，蒐獵先聖王之典章法制而掇拾修補於煨燼之餘，聖學之門墻遂不可復觀。於是乎有訓詁之學而傳之以為名，有記誦之學而言之以為博，有詞章之學而侈之以為麗。相矜以知，相軋以勢，相爭以利，相高以技能，相取以聲譽。」

〔三〕升堂：《論語·先進》：「子曰：『由之瑟奚為於丘之門？』門人不敬子路。子曰：『由也升堂矣，未入於室也。』」孫欽善《論語新注》：「升堂、入室，用來比喻學道的深入程度。升堂喻已有所成就，入室喻已得其奧妙。」〔註11〕

〔四〕澆漓：社會風俗浮薄。唐·張九齡《敕歲初處分》：「政猶踦駁，俗尚澆醨，當是為理之心未返於本耳。」

〔五〕山陽笛：晉·向秀《思舊賦序》：「余少與嵇康、呂安居止接近，其人並有不羈之才。然嵇志遠而疏，呂心曠而放，其後各以事見法。嵇博綜技藝，於絲竹特妙，臨當就命，顧視日影，索琴而彈之。余逝將西邁，經其舊廬，於時

〔註9〕黃宗羲《明儒學案》，中華書局，2012年版，第1101頁。
〔註10〕黃宗羲《明儒學案》，第1103頁。
〔註11〕孫欽善《論語新注》，中華書局，2018年版，第252頁。

日薄虞淵，寒冰淒然，鄰人有吹笛者，發聲寥亮，追思曩昔遊宴之好，感音而嘆，故作賦云。」後世以山陽笛表示對朋友的懷念傷悼。

和董蘿石菜花韻

油菜花開滿地金，鵓鳩〔一〕聲裡又春深。閭閻〔二〕正苦饑民色〔三〕，畎畝〔四〕常懷老圃〔五〕心。自有牡丹堪富貴〔六〕，也從蜂蝶謾追尋。年年開落渾閒事〔七〕，來賞何人共此襟。

【編年】

此詩嘉靖五年（1526）作於浙江紹興。束景南《王陽明年譜長編》：「三月，蘿石董澐來紹興問學，遊香爐峰，多有詩詠唱酬。」〔註12〕

【校注】

〔一〕鵓鳩：三國·吳·陸璣《毛詩草木鳥獸蟲魚疏·宛彼鳴鳩》：「鵓鳩，灰色，無繡項，陰則屏逐其匹，晴則呼之。語曰『天將雨，鳩逐婦』是也。」宋·陸游《平水》：「雨霽鵓鳩喜，春歸鸂鶒知。」

〔二〕閭閻：民間。《史記·樗里子甘茂列傳論》：「甘茂起下蔡閭閻，顯名諸侯，重彊齊楚。」

〔三〕饑民色：《孟子·梁惠王上》：「庖有肥肉，廄有肥馬，民有飢色，野有餓莩，此率獸而食人也。」

〔四〕畎畝：田地。《孟子·萬章上》：「帝使其子九男二女，百官牛羊倉廩備，以事舜於畎畝之中。」

〔五〕老圃：《論語·子路》：「樊遲請學稼。子曰：『吾不如老農。』請學為圃。曰：『吾不如老圃。』」朱熹注：「種五穀曰稼，種蔬菜曰圃。」

〔六〕自有牡丹堪富貴：在中國古代的民俗中，牡丹往往與富貴聯繫在一起。宋·周敦頤《愛蓮說》：「予謂菊花之隱逸者也，牡丹花之富貴者也，蓮花之君子者也。」

〔七〕渾閒事：平常之事。唐·羅隱《江南》：「垂衣端拱渾閒事，忍把江山乞與人。」

天泉樓夜坐和蘿石韻〔一〕

莫厭西樓坐夜深，幾人今夕此登臨。白頭未是形容老〔二〕，赤子〔三〕依然混沌心。隔水鳴榔聞過棹，映窗殘月見疏林。看君已得忘言〔四〕意，

〔註12〕束景南《王陽明年譜長編》，第 1746 頁。

不是當年只苦吟〔五〕。

【編年】

此詩嘉靖五年（1526）作於浙江紹興。

【校注】

〔一〕明·董澐《從吾道人詩稿》卷下《宿天泉樓》即為陽明所和之詩，詩曰：「高閣凝香夜已深，四簷星斗喜登臨。雪垂鬚髮今何幸，春滿乾坤見道心。冉冉光風回病草，瀼瀼灝氣足青林。浴沂明日南山去，擬向爐峰試一吟。」

〔二〕白頭未是形容老：據陽明《從吾道人記》所載，本年董澐已是六十八歲，故曰「白頭」。

〔三〕赤子：嬰兒。《孟子·離婁下》：「孟子曰：『大人者，不失其赤子之心者也。』」朱熹注：「大人之心，通達萬變。赤子之心，則純一無偽而已。然大人之所以為大人，正以其不為物誘，而有以全其純一無偽之本然，是以擴而充之，則無所不知，無所不能，而極其大也。」

〔四〕忘言：《莊子·外物》：「荃者所以在魚，得魚而忘荃。蹄者所以在兔，得兔而忘蹄。言者所以在意，得意而忘言。吾安得夫忘言之人而與之言哉？」陽明對忘言之境非常推崇，如《與楊仕鳴》：「學貴乎自得也，古人謂得意忘言。學苟自得，何以言為乎？」

〔五〕不是當年只苦吟：此句是言董澐與聞陽明良知學說之後，毅然拜在陽明門下，捨棄原來之詩學追求，銳意篤志於良知之學。陽明《從吾道人記》勉勵其「從真吾之好」，不要「從私吾之好」，「蘀石血氣既衰，戒之在得矣。孰能挺特奮發，而復若少年英銳者之為乎？真可謂之能從吾所好矣。世之人從其名之好也，而競以相高；從其利之好也，而貪以相取；從其心意耳目之好也，而詐以相欺：亦皆自以為從吾所好矣，而豈知吾之所謂真吾者乎？夫吾之所謂真吾者，良知之謂也。父而慈焉，子而孝焉，吾良知所好也；不慈不孝，焉斯惡之矣。言而忠信焉，行而篤敬焉，吾良知所好也；不忠信焉，不篤敬焉，斯惡之矣。故夫名利物欲之好，私吾之好也，天下之所惡也；良知之好，真吾之好也，天下之所同好也。是故從私吾之好，則天下之人皆惡之矣，將心勞日拙而憂苦終身，是之謂物之役。從真吾之好，則天下之人皆好之矣，將家國天下無所處而不當；富貴、貧賤、患難、夷狄，無入而不自得。斯之謂能從吾之所好也矣。」

詠良知四首示諸生

【編年】

此組詩第二首、第三首嘉靖四年（1525）四月作於浙江紹興，組詩最終完成在嘉靖五年（1526）五月。束景南《王陽明年譜長編》曰：「連城老儒童世堅千里來紹興問學，攜《八策》見示，講論三月。陽明勸其焚棄《八策》，作《良知》詩贈歸，別後再致書論《八策》之非。」〔註13〕王陽明《復童克剛》曰「春初枉顧」，則童世堅之來問學是在本年正月。劉侯《送尋樂先生歸連城序》曰「不遠千里請學於陽明夫子之門，獲聞夫子致良知之教，欣然若有所悟焉。既三月，以老而不能久旅也，告別歸」，則童世堅之離開當在本年四月。又《嘉靖汀州府志》卷十七《辭翰》載童世堅《和陽明先生示教》，童世堅所和之詩是該組詩中的第二、第三首，可知這兩首詩完成於嘉靖四年（1525）。另外兩首，完成於嘉靖五年（1526）五月，束景南《王陽明年譜長編》：「（五月）日日與門人諸生講學吟唱，多有詠『良知』詩，直指『心之本體』。」〔註14〕

其一

箇箇人心有仲尼〔一〕，自將聞見〔二〕苦遮迷。而今指與真頭面，只是良知〔三〕更莫疑。

【校注】

〔一〕仲尼：孔子字仲尼。此處指人人具有與孔子同樣的良知，人人都具備成為聖人的潛質。《傳習錄》下亦有類似的表達：「在虔與于中、謙之同侍。先生曰：『人胸中各有箇聖人，只自信不及，都自埋倒了。』因顧于中曰：『爾胸中原是聖人。』于中起：『不敢當。』先生曰：『此是爾自家有的，如何要推？』于中又曰：『不敢。』先生曰：『眾人皆有之，況在于中！卻何故謙起來？謙亦不得。』于中乃笑受。又論：『良知在人，隨你如何，不能泯滅。雖盜賊，亦自知不當為盜，喚他做賊他還忸怩。』」陳來說：「陽明詠良知詩第一首說『個個心中有仲尼』，這是指，每個人就其本心而言都是聖人。當然，一切現實的人其本心均有所遮蔽，因而只是潛在的聖人而不是現成的聖人。這個說法從良知方面來看，是指良知是每個人成聖的內在根據，這個根據是完全充

〔註13〕束景南《王陽明年譜長編》，第 1666 頁。
〔註14〕束景南《王陽明年譜長編》，第 1776 頁。

分的，沒有欠缺的。」〔註15〕

〔二〕聞見：聞見之知。張載將知分為德性所知與見聞之知，他說：「見聞之知乃物交而知，非德性所知。德性所知不萌於見聞。」程頤有進一步的發展，他說：「聞見之知非德性之知，物交物則知之，非內也。今之所謂博物多能者是也。德性之知不假聞見。」王陽明認為良知是第一義，是本；見聞之知是第二義，是末。兩者是本末體用的關係，即「良知不由見聞而有，而見聞莫非良知之用。故良知不滯於見聞，而亦不離於見聞」。王陽明在《答歐陽崇一》書中論之甚詳：「良知不由見聞而有，而見聞莫非良知之用。故良知不滯於見聞，而亦不雜於見聞。孔子云：『吾有知乎哉？無知也。』良知之外，別無知矣。故致良知是學問大頭腦，是聖人教人第一義。今云專求之見聞之末，則是失卻頭腦，而已落在第二義矣。近時同志中蓋已莫不知有志良知之說，然其工夫尚多鶻突者，正是欠此一問。大抵學問工夫，只要主意頭腦是當。若主意頭腦專以致良知為事，則凡多聞多見，莫非致良知之功。蓋日用之間，見聞酬酢，雖千頭萬緒，莫非良知之發用流行。除卻見聞酬酢，亦無良知可致矣，故只是一事。若曰致其良知而求之見聞，則語意之間，未免為二。此與專求之見聞之末者，雖稍不同，其為未得精一之旨，則一而已。」陽明認為聞見之知對於良知亦有遮蔽之處，如《傳習錄拾遺》曰：「嘗聞先生曰：『吾居龍場時，夷人言語不通，所可與言者中土亡命之流。與論知行合一之所，更無扞格。久之，並夷人亦欣欣相向。及出與士夫言，反多紛紛同異，扞格不入。學問最怕有意見的人，只患聞見不多。良知聞見益多，覆蔽益重。反不曾讀書的人，更容易與他說得。』」〔註16〕

〔三〕良知：王陽明思想中的重要概念，比較複雜。梁漱溟的歸納可以參考，他說：「良知即俗云良心，為人所共有，遇事而見，或時牽於一身一家一群之利害得失而昧之，半夜醒來捫心自問，便覺不安，蓋身小而心大，從乎身，你吃飯我不飽，從乎心則痛癢相關好惡相喻也。此皆世人恒情中所有事，均甚粗淺，且只是循一時一地的社會習俗，而真痛癢真好惡隱昧不見。此時天資卓越出群的人獨能從其偉大真切的痛癢相關好惡良知（良心）起而革命，領導群眾改造社會習俗，即從啟發群眾的痛癢覺悟來領導群眾。」〔註17〕

〔註15〕陳來《有無之境：王陽明哲學的精神》，第159頁。
〔註16〕〔明〕王守仁《王陽明全集》，上海古籍出版社，2015年版，第1292頁。
〔註17〕梁漱溟《陽明先生詠良知詩》，《社會科學戰線》，1988年第2期。

－463－

【集評】

岡田武彥《王陽明大傳》:「這首詩主要講述,人人和孔子一樣擁有良知。第一句『個個人心有仲尼』,是說每個人都和孔子一樣有一顆聖人之心。東正堂也曾講過(《王文成公全書論考》卷十《詩四・續篇・賦詩》),有點像禪宗宣講的『直指人心,見性成佛』。」

【著錄】

清・高廷珍輯《東林書院志》卷二、清・鄒鍾泉撰《道南淵源錄》卷二著錄此詩。

其二

問君〔一〕何事日憧憧〔二〕,煩惱場〔三〕中錯用功。莫道聖門無口訣,良知兩字是參同〔四〕。

【校注】

〔一〕君:指童世堅。

〔二〕憧憧:心神不定的樣子。漢・桓寬《鹽鐵論・刺復》:「方今為天下腹居郡,諸侯並臻,中外未然,心憧憧若涉大川,遭風而未薄。」童世堅《和陽明先生示教》:「年華六十苦憧憧,只為支離枉用功。」可知,在外在的支離事業上枉費心神,是童世堅「日憧憧」的主要原因。

〔三〕煩惱場:是非之地。此處指童世堅欲向朝廷獻《八策》之事。王陽明《復童克剛》曰:「春初枉顧,時承以《八策》見示,鄙意甚不為然。既而思之,皆學術不明之故,姑且與克剛講學,未暇細論策之是非。旬日之後,學術漸明,克剛知見豁然,如白日之開雲霧,遂翻然悔其初志,即欲焚棄《八策》,以為自此以後,誓不復萌此等好高務外之念矣。當時同志諸友,無不嘆服克剛,以為不憚改過而勇於從善若此,人人皆自以為莫及也。盛价遠來,忽辱長箋巨冊,諄諄懇懇,意求刪改前策,將圖復上,與臨別丁寧意大相矛盾。豈間濶之久,切磋無力,遂爾迷誤至此耶?」

〔四〕參同:《周易參同契》,此處指修養之道。《雲笈七籤・神仙傳》曰:「魏伯陽作《參同契》似解釋《周易》,其實假借爻象,以論作丹之意,而儒者不知神仙之事,多作陰陽注之,失其奧旨矣。」

其三

人人自有定盤針〔一〕,萬化根緣總在心。卻笑從前顛倒見,枝枝葉

葉外頭尋〔二〕。

【校注】

〔一〕定盤針：指南針，此處指良知。《傳習錄》卷下：「先生曰：『這些子看得透徹，隨他千言萬語，是非誠僞，到前便明，合得的便是，合不得的便非，如佛家說心印相似，真是箇試金石、指南針。」

〔二〕枝枝葉葉外頭尋：此處指捨棄良知本體，向外探求枝葉瑣碎的知識或物理。

其四

無聲無臭獨知〔一〕時，此是乾坤萬有基〔二〕。拋卻自家無盡藏〔三〕，沿門持鉢效貧兒。

【校注】

〔一〕獨知：王陽明重要的哲學觀念，本諸《中庸》：「是故君子戒慎乎其所不睹，恐懼乎其所不聞。莫見乎隱，莫顯乎微，故君子慎其獨也。」

朱熹《中庸章句》曰：「獨者，人所不知而已所獨知之地也。言幽暗之中，細微之事，跡雖未形，而幾則已動。人雖不知，而已獨知之，則是天下之事，無有著見明顯而過於此者。是以君子既常戒懼，而於此尤加謹焉，所以遏人欲於將萌，而不使其潛滋暗長於隱微之中，以至離道之遠也。」

王陽明不認同朱熹的觀點，提出心說，《傳習錄》上曰：「正之問：『戒懼是己所不知時工夫，慎獨是己所獨知時工夫，此說如何？』先生曰：『只是一個工夫，無事時固是獨知，有事時亦是獨知。人若不知於此獨知之地用力，只在人所共知處用功，便是作僞，便是見君子而後厭然。此獨知處便是誠的萌芽，此處不論善念惡念，更無虛假，一是百是，一錯百錯，正是王霸、義利、誠僞、善惡界頭。於此一立立定，便是端本澄源，便是立誠。古人許多誠身的工夫，精神命脈全體只在此處。真是莫見莫顯，無時無處，無終無始，只是此個工夫。今若又分戒懼爲己所不知，即工夫便支離，亦有間斷。既戒懼即是知，己若不知，是誰戒懼？如此見解，便要流入斷滅禪定。』曰：『不論善念惡念，更無虛假，則獨知之地更無無念時邪？』曰：『戒懼亦是念。戒懼之念，無時可息。若戒懼之心稍有不存，不是昏瞶，便已流入惡念。自朝至暮，自少至老，若要無念，即是己不知，此除是昏睡，除是槁木死灰。』」

〔二〕此二句之意，梁漱溟釋之曰：「有遇事而見的良知，更有不因有所遇而恒時炯然不昧的良知。陽明王子詠良知詩云『無聲無臭獨知時，此是乾坤萬有基』

者是已。此獨知寂而照，照而寂，心淨如虛空，遠離一切有。何云乎乾坤萬有基？即此是宇宙本體也。世間森羅萬象不出能見與所見相對待之二分，而此則泯絕對待，恢復宇宙之一體性，而從體發用焉。」〔註18〕

〔三〕自家無盡藏：佛教用語。謂佛德廣大無邊，作用於萬物，無窮無盡。《大乘義章》十四：「德廣難窮，名為無盡。無盡之德苞含曰藏。」此處指良知。

【集評】

〔明〕陳建《學蔀通辨》續編卷下：「陽明此詩說禪甚高妙。首句即說鑑象之悟也。第二句心法起滅天地也。後二句皆《傳燈錄》語也。陽明於禪學，卷舒運用熟矣。朱子嘗謂陸子靜卻成一部禪，愚謂陽明亦成一部禪矣。」

【和詩】

此組詩唱和之作頗多，束景南《王陽明年譜長編》錄童世堅、王畿和詩，「童世堅《和陽明先生示教》：『年華六十苦憧憧，只為支離枉用功。自聽陽明山上鼓，千槌萬鼓此聲同。子午元來有一針，周公定在指南心。越裳迷失如無此，沃日吞夫何處尋？』王畿《和良知四韻》：『謾於感處問憧憧，虛寂從教證聖功。但得無心如尺蠖，羲文一派古今同。古來學易有宣尼，讀罷韋編更不迷。兩畫乾坤無一字，紛紛著象轉增疑。鴛鴦傳譜不傳針，萬古經綸只此心。聞道具茨迷聖解，空中鳥跡若為尋。浮生役役了何時，坤復之間好立基。莫道仙家能抱一，儒門亦自有嬰兒。』」〔註19〕

黃宗羲《明儒學案》卷四十二載王道《次陽明詠良知》曰：「若把良知當仲尼，太清卻被片雲迷。良知止是情之動，未動前頭尚屬疑。獨知還是有知時，莫認獨知即正知。尋到無知無物處，本來面目卻為誰？本來面目卻為誰？絕四宣尼定自知。學子欲尋絕四處，不先格物更何為？」

示諸生三首

【編年】

此組詩嘉靖五年（1526）三月作於浙江紹興。束景南《王陽明年譜長編》曰：「嘉靖五年三月，蘿石董澐來紹興問學，遊香爐峰，多有詩唱酬。」〔註20〕

〔註18〕梁漱溟《陽明先生詠良知詩》，《社會科學戰線》，1988年第2期。
〔註19〕束景南《王陽明年譜長編》，第1668頁。
〔註20〕束景南《王陽明年譜長編》，第1746頁。

其一〔一〕

　　爾身各各自天真，不問〔二〕求人更問人。但致良知成德業〔三〕，謾從故紙費精神〔四〕。乾坤是易〔五〕原非畫〔六〕，心性何形得有塵〔七〕？莫道先生學禪語，此言端的為君陳。

【校注】

〔一〕束景南《王陽明年譜長編》錄董澐和詩曰：「（董澐）《從吾道人語錄求心錄》：『敬次先師韻求教：『為學當從一念真，莫將聞見駭時人。要知靜默無為處，自有圓虛不測神。穀種滋培須有事，鏡光拂拭反生塵。藏而後發無方體，聽取江門碧玉陳。』』」〔註21〕

〔二〕問：吳光等編校《王陽明全集》作「用」。

〔三〕德業：道德事業。唐・杜甫《追酬故高蜀州人日見寄》：「文章曹植波瀾闊，服食劉安德業尊。」

〔四〕費精神：耗費精神。宋・王安石《韓子》：「力去陳言夸末俗，可憐無補費精神。」宋・普濟《五燈會元》卷四：「福州古靈神贊禪師，本州大中寺受業，後行腳遇百丈開悟，卻回受業。本師問曰：『汝離吾在外，得何事業？』曰：『並無事業。』遂遣執役。一日，因澡身命師去垢，師乃拊背曰：『好所佛堂而佛不聖。』本師回首視之，師曰：『佛雖不聖，且能放光。』本師又一日在窗下看經，蜂子投窗紙求出。師睹之曰：『世界如許廣闊不肯出，鑽他故紙驢年去！』遂有偈曰：『空門不肯出，投窗也大癡。百年鑽故紙，何日出頭時？』本師置經，問曰：『汝行腳遇何人？吾前後見汝發言異常。』師曰：『某甲蒙百丈和尚指箇歇處。今欲報慈德耳。』本師於是告眾致齋，請師說法。師乃登座，舉唱百丈門風曰：『靈光獨耀，迥脫根塵。體露真常，不拘文字。心性無染，本自圓成。但離妄緣，即如如佛。』本師於言下感悟。」

〔五〕易：易簡，平易簡約。《周易・繫辭上》：「乾以易知，坤以簡能；易則易知，簡則易從；易知則有親，易從則有功；有親則可久，有功則可大；可久則賢人之德，可大則賢人之業。易簡，而天下之理得矣；天下之理得，而成位乎其中矣。」

〔六〕畫：卦畫。此句是說乾坤之體本是平易簡約，易知易從。聖人為了表明吉凶變化之理，創設了六十四卦卦畫，即《周易・繫辭上》：「聖人設卦觀象，繫

辭焉而明吉凶，剛柔相推而生變化」。

〔七〕此句形似於慧能偈語：「菩提本無樹，明鏡亦非臺。本來無一物，何處惹塵埃？」王陽明與禪學只是形似，根本之處完全不同，牟宗三有簡當之論曰：「王學簡易，從先天入手，從本體起工夫，是一種頓教。程朱之學，支離，從後天入手，從外面做工夫，是一種漸教。二者的目的雖是一樣，而道路完全不同。照普遍說法，論正宗則是程朱。王學是承程朱之弊而起的。所以說王學在當時是奇特的，好像佛教之出禪宗。因為禪宗也不是印度傳來的固有佛教，它是一種中國的佛教，主張不立文字，教外別傳，以心傳心，心即是佛，特重心性，一悟百悟。王學所走的路，也和禪宗差不多，不過王學把握著仁（本體），禪宗則否。所以王學是儒家，而禪宗是佛教。」〔註22〕

其二

人人有路透長安〔一〕，坦坦平平一直看。盡道聖賢須有秘，翻嫌易簡卻求難。只從孝弟為堯舜〔二〕，莫把辭章學柳韓。不信自家原具足，請君隨事反身觀。

【校注】

〔一〕人人有路透長安：宋・普濟《五燈會元》卷四《趙州觀音院從諗禪師》：「問：『如何是道？』師曰：『牆外底。』曰：『不問這箇。』師曰：『你問那箇？』曰：『大道。』師曰：『大道透長安』。」

〔二〕此句本諸《孟子・告子下》：「曹交問曰：『人皆可以為堯舜，有諸？』孟子曰：『然。交聞文王十尺，湯九尺，今交九尺四寸以長，食粟而已，如何則可？』曰：『奚有於是？亦為之而已矣。有人於此，力不能勝一匹雛，則為無力人矣；今曰舉百鈞，則為有力人矣。然則舉烏獲之任，是亦為烏獲而已矣。夫人豈以不勝為患哉？弗為耳。徐行後長者謂之弟，疾行先長者謂之不弟。夫徐行者，豈人所不能哉？所不為也。堯舜之道，孝弟而已矣。」

其三

長安有路極分明，何事幽人曠不行。遂使榛茅成間塞〔一〕，儘教麋鹿自縱橫〔二〕。徒聞絕境勞懸想，指與迷途卻浪驚。冒險甘投蛇虺窟，顛崖墮壑竟亡生。

〔註22〕牟宗三《人文講習錄》，吉林出版集團有限責任公司，2010 年版，第 127 頁。

【校注】

〔一〕榛茅成間塞：《孟子‧盡心下》：「孟子謂高子曰：『山徑之蹊間，介然用之而成路。為間不用，則茅塞之矣。今茅塞子之心矣。』」

〔二〕麋鹿自縱橫：唐‧韋應物《酬鄭戶曹驪山感懷》：「白雲已蕭條，麋鹿但縱橫。」

答人問良知二首

【編年】

　　此二詩嘉靖五年（1526）三月作於浙江紹興。試題「答人」之人乃是袁仁與資聖寺僧人法聚。

　　束景南《王陽明年譜長編》：「疑是年法聚、袁仁與董澐同來紹興謁陽明問學論道，陽明作二詩答之，一贈法聚，一贈袁仁。」〔註23〕

　　蔡汝楠《玉芝大師塔銘》：「玉芝大師法聚，姓富氏，嘉禾石族子。生於弘治壬子十一月廿九日，終於嘉靖癸亥五月十九日，壽七十有二。年方髫亂，肆儒業，淹通經藉，因從師於海鹽之資寶（聖）寺。後數年，陽明王先生開講於稽山，聞良知之指，若契機緣，遂以偈為贄，謁王先生。先生答以詩，今載集中，有《答人問良知》詩，云『人』即此僧也。」（《國朝獻徵錄》卷一百八十）

　　王畿《袁參坡小傳》：「參坡袁公名仁，字良貴，浙江嘉善人也……心齋王艮見之蘿石所，與語，奇之曰：『王佐之才也。』引見陽明先師。初聞良知之旨，先師以詩答之曰：『知得良知卻是誰？自家痛癢自家知。若將痛癢從人問，痛癢何須更問為？』瞿然有省。」（《王畿集》附錄）

其一

　　良知卻是獨知時，此知之外更無知〔一〕。誰人不有良知在，知得良知卻是誰〔二〕？

【校注】

〔一〕此知之外更無知：陽明認為見聞之知不是良知，或者說不是真知。關於良知和見聞之知的關係，《傳習錄》卷中言之甚詳：「良知不由見聞而有，而見聞莫非良知之用，故良知不滯於見聞，而亦不雜於見聞。孔子云：『吾有知乎

哉？無知也。」良知之外，別無知矣。故致良知是學問大頭腦，是聖人教人第一義。今云專求之見聞之末，則是失卻頭腦，而已落在第二義矣。近時同志中蓋已莫不知有志良知之說，言其工夫尚多鶻突者，正是欠此一問。大抵學問工夫只要主意頭腦是當，若主意頭腦專以致良知為事，則凡多聞多見，莫非致良知之功。蓋日用之間，見聞酬酢，雖千頭萬緒，莫非良知之發用流行，除卻見聞酬酢，亦無良知可致矣。故只是一事。」

〔二〕知得良知卻是誰：陽明良知之學，在當時還有很多學者懷疑，篤信良知並付之於日用常行者甚少。嘉靖六年（1527），陽明《與馬子莘》曰：「近時同志，莫不知以良知為說，然亦未見有能實體認之者，是以尚未免於疑惑。蓋有謂良知不足以盡天下之理，而必假於窮索以增益之者。又以為徒致良知未必能合於天理，須以良知講求其所謂天理者，而執之以為一定之則，然後可以率由而無弊。是其為說，非實加體認之功而真有以見夫良知者，則亦莫能辯其言之似是而非也。莆中故多賢，國英及志道二三同志之外，相與切磋砥礪者，亦復幾人？良知之外更無知，致知之外更無學。外良知以求知者，邪妄之知矣。外致知以為學者，異端之學矣。」

其二

知得良知卻是誰？自家痛癢自家知〔一〕。若將痛癢從人問，痛癢何須更問為？

【校注】

〔一〕自家痛癢自家知：陽明認為良知具有一種先天的直覺判斷力，好壞是非，主體能夠感知出來，就好像身體上的痛癢之感，不假思索，當下就能感受到。《傳習錄》卷中《啟問道通書》曰：「大抵吾人為學，緊要大頭腦只是立志。所謂困忘之病，亦只是志欠真切。今好色之人，未嘗病於困忘，只是一真切耳。自家痛癢，自家須會知得，自家須會搔摩得。既自知得痛癢，自家須不能不搔摩得。佛家謂之方便法門，須是自家調停斟酌，他人總難與力，亦更無別法可設也。」

答人問道

饑來喫飯倦來眠〔一〕，只此修行玄更玄。說與世人渾不信，卻從身外覓神仙〔二〕。

【編年】

　　此詩嘉靖五年（1526）五月作於浙江紹興。束景南《王陽明年譜長編》：「（五月）日日與門人諸生講學吟唱，多有詠『良知』詩，直指『心之本體』。」〔註24〕

【校注】

〔一〕饑來喫飯倦來眠：《五燈會元》卷三《大珠慧海禪師》：「律師問：『和尚修道還用功否？』師曰：『用功。』曰：『如何用功？』師曰：『饑來喫飯，困來即眠。』曰：『一切人總如是同師用功否？』師曰：『不同。』曰：『何故不同？』師曰：『他喫飯時不肯喫飯，百種須索；睡時不肯睡，千般計較。所以不同也。』律師杜口。」

〔二〕身外覓神仙：宋·劉子翬《遊武夷山》：「神仙可學非身外，多少遊人浪苦心。」

寄題玉芝庵丙戌

　　塵途駿馬〔一〕勞千里，月樹鷦鷯足一枝〔二〕。身既了時心亦了，不須多羨碧霞池〔三〕。

【編年】

　　此詩嘉靖五年（1526）作於浙江紹興。束景南《王陽明年譜長編》：「（六月），法聚別歸，入武康天池山，構玉芝庵說法談禪。陽明有詩寄題玉芝庵。」〔註25〕

【校注】

〔一〕塵途駿馬：唐·韓翃《漢宮曲二首》其一：「駿馬繡障泥，紅塵撲四蹄。」

〔二〕鷦鷯足一枝：《莊子·逍遙遊》：「鷦鷯巢於深林，不過一枝。偃鼠飲河，不過滿腹。」

〔三〕碧霞池：在浙江紹興王陽明故居旁，碧霞池上有天泉橋，王陽明晚年時常與弟子在此寫詩論道，如《碧霞池夜坐》詩，著名的天泉證道亦發生於此。

別諸生

　　綿綿聖學已千年，兩字良知是口傳〔一〕。欲識渾淪〔二〕無斧鑿，須

〔註24〕束景南《王陽明年譜長編》，第 1776 頁。
〔註25〕束景南《王陽明年譜長編》，第 1779 頁。

從規矩出方圓〔三〕。不離日用常行內〔四〕，直造先天〔五〕未畫前。握手臨岐更何語，慇懃莫媿別離筵。

【編年】

此組詩嘉靖六年（1527）九月作於浙江紹興。束景南《王陽明年譜長編》：「（嘉靖六年）九月八日，啟程赴兩廣，有詩別諸生。……此詩詠歎『良知』聖學，為陽明天泉證道發『王門八句教』之前奏曲也。」〔註26〕

【校注】

〔一〕口傳：口耳相傳的訣竅。《淮南子・氾論訓》：「此皆不著於法令，而聖人之所不口傳也。」

〔二〕渾淪：天地未經形成之前的混沌狀態。《列子・天瑞》：「太初者，氣之始也；太始者，形之始也；太素者，質之始也。氣形質具而未相離，故曰渾淪。渾淪者，言萬物相渾淪而未相離也。」

〔三〕規矩出方圓：《孟子・離婁上》：「孟子曰：『離婁之明，公輸子之巧，不以規矩不能成方員；師曠之聰，不以六律不能正五音；堯舜之道，不以仁政不能平治天下。」

〔四〕不離日用常行內：王陽明認為致良知的道德實踐不能脫離日常踐履，離開日用常行的事上磨煉，致良知就失去了對象，淪為口頭的講說。《傳習錄》下：「有一屬官，因久聽講先生之學，曰：『此學甚好，只是簿書訟獄繁難，不得為學。』先生聞之曰：『我何嘗教爾離了簿書訟獄，懸空去講學？爾既有官司之事，便從官司的事上為學，纔是真格物。如問一詞訟，不可因其應對無狀，起箇怒心；不可因他言語圓轉，生箇喜心；不可惡其囑托，加意治之；不可因其請求，屈意從之；不可因自己事務煩冗，隨意苟且斷之；不可因旁人譖毀羅織，隨人意思處之。這許多意思皆私，只爾自知，須精細省察克治，惟恐此心有一毫偏倚，枉人是非，這便是格物致知。簿書訟獄之間，無非實學，若離了事物為學，卻是著空。」

〔五〕先天：張岱年主編《中國哲學大辭典》：「先天學，北宋邵雍的學說。他根據《周易》和道教思想（相傳由五代末宋初道士陳摶遞傳而來），制定了一個世界構造的圖式，即所謂『先天八卦圖』。用關於八卦方位和六十四卦次的排列，來推測自然和人事變化。認為此圖『蓋天地萬物之理盡在其中矣！』（《觀

〔註26〕束景南《王陽明年譜長編》，第 1876 頁。

物外篇》上）並強調這種圖式及其所根據的『象數』原理，在天地之先便已存在，故其圖稱『先天圖』，其學稱『先天學』。認為天地萬物皆由『道』（或太極）而生，『天由道而生，地由道而成，物由道而形，人由道而行』（《觀物內篇》）。……承認客觀的抽象道道或太極為天地萬物的本院。但又認為道或太極即為主觀的心，『心為太極，又曰道為太極』。『心在天地前，天地自我出』（《擊壤集・自餘吟》）。強調『先天之學，心法也。故圖皆自中起，萬化萬事生乎心也』（《觀物外篇》下）。」〔註27〕

後中秋望月歌

一年兩度中秋節〔一〕，兩度中秋一樣月。兩度當筵望月人，幾人猶在幾人別。此後望月幾中秋，此會中人知在否？當筵莫惜慇懃望，我已衰年半白頭書〔二〕。

【編年】

此詩正德十五年（1520）閏八月中秋作於江西贛州。

【校注】

〔一〕一年兩度中秋節：本年閏八月，故有兩度中秋節。

〔二〕我已衰年半白頭書：陽明壽五十七歲，本年已四十九歲，迫近晚年，故曰衰年白頭。

書扇示正憲〔一〕

汝自冬春來，頗解學文義〔二〕。吾心豈不喜？顧此枝葉事。如樹不植根，暫榮終必瘁。植根可如何？願汝且立志〔三〕。

【編年】

此詩嘉靖六年（1527）作於浙江紹興。束景南曰：「『汝自冬春來』，指嘉靖五年冬至嘉靖六年春。」〔註28〕

【校注】

〔一〕正憲：陽明繼子。錢德洪《陽明先生年譜》曰：「（正德）十年乙亥，先生四十四歲，在京師。立再從子正憲為後。正憲字仲肅，季叔易直先生兗之孫，

〔註27〕張岱年《中國哲學大辭典》，上海辭書出版社，2014年版，第173頁。

〔註28〕束景南《王陽明年譜長編》，第1829頁。

西林守信之第五子也。先生年四十四，與諸弟守儉、守文、守章俱未舉子，故龍山公為先生擇守信子正憲，立之時，年八齡。」

〔二〕頗解學文義：王正憲讀書天分不高，早在正德十二年（1517），陽明先生《與徐曰仁書》已有洞察，陽明先生曰：「正憲讀書極拙，今亦不能以此相望，得渠稍知孝弟，不汲汲為利，儘守門戶是矣。」〔註29〕陽明先生對王正憲要求亦不高，嘉靖六年（1527），王正憲提出應試，陽明先生在家書《寄正憲男手墨·書五》中曰：「守悌叔書來，云汝欲出應試。但汝本領未備，恐成虛願。汝近來學業所進吾不知，汝自量度而行，吾不阻汝，亦不強汝也。」〔註30〕陽明先生對王正憲的要求是「汝在家中，凡宜從戒諭而行。讀書執禮，日進高明，乃吾之望」（《寄正憲男手墨·書三》）〔註31〕。「汝在家凡百務宜守我戒諭，學做好人。德洪、汝中輩須時時親近，請教求益」（《寄正憲男手墨·書五》）〔註32〕。

〔三〕立志：陽明一直比較重視立志，《教條示龍場諸生》首條即為立志，「志不立，天下無可成之事，雖百工技藝，未有不本於志者。今學者曠廢墮惰，玩歲愒時，而百無所成，皆由於志之未立耳。故立志而聖，則聖矣；立志而賢，則賢矣。志不立，如無舵之舟，無銜之馬，漂蕩奔逸，終亦何所底乎？

《示弟立志說》：「夫學莫先於立志。志之不立，猶不種其根而徒事培擁灌溉，勞苦無成矣。世之所以因循苟且，隨俗習非而卒歸於污下者，凡以志之弗立也。」

陽明所言之志是指必為聖人之志。《示弟立志說》：「故程子曰：『有求為聖人之志，然後可與共學。』人苟誠有求為聖人之志，則必思聖人之所以為聖人者安在，非以其心之純乎天理而無人欲之私歟？聖人之所以為聖人，惟以其心之純乎天理而無人欲，則我之欲為聖人，亦惟在於此心之純乎天理而無人欲耳。欲此心之純乎天理而無人欲，則必去人欲而存天理。務去人欲而存天理，則必求所以去人欲而存天理之方。求所以去人欲而存天理之方，則必正諸先覺，考諸古訓，而凡所謂學問之功者，然後可得而講，而亦有所不容已矣。」

〔註29〕束景南《王陽明全集補編》，上海古籍出版社，2018 年版，第 116 頁。
〔註30〕束景南《王陽明全集補編》，第 181 頁。
〔註31〕束景南《王陽明全集補編》，第 180 頁。
〔註32〕束景南《王陽明全集補編》，第 181 頁。

陽明也經常以樹之根幹枝葉喻立志與工夫,如作於嘉靖六年的《與與馬子莘》曰:「連得所寄書,誠慰傾渴。締觀來書,其字畫文采皆有加於疇昔,根本盛而枝葉茂,理固宜然。然草木之花千葉者無實,其花繁者其實鮮矣。邇來子莘之志得無微有所溺乎?是亦不可以不省也。良知之說,往時亦嘗備講,不審邇來能益瑩徹否?」又如《傳習錄》上:「立志用功如種樹然。方其根芽,猶未有榦;及其有榦,尚未有枝;枝而後葉,葉而後花實。初種根時,只管栽培灌溉,勿作枝想,勿作葉想,勿作花想,勿作實想,懸想何益?但不忘栽培之功,怕沒有枝葉花實。」《傳習錄》上「種樹者必培其根,種德者必養其心。欲樹之長,必於始生時,刪其繁枝;欲德之盛,必於始學時,去夫外好。如外好詩文,則精神日漸漏泄在詩文上去,凡百外好皆然。又曰:我此論學,是無中生有的工夫,諸公須要信得及,只是立志。學者一念為善之志,如樹之種,但勿助勿忘,只管培植將去,自然日夜滋長,生氣日完,枝葉日茂。樹初生時,便抽繁枝,亦須刊落,然後根榦能大。初學時亦然。故立志貴專一。」

送蕭子雝〔一〕憲副之任

衰疾悟止足,閒居便靜修。採芝深谷底,考槃〔二〕南澗頭。之子亦早見,枉帆經舊丘。幽尋意始結,公期已先道。星途觸來暑,拯焚能自由。黃鵠一高舉,剛風翼難收。懷茲戀丘隴,回顧未忘憂。往志局千里,豈伊枋榆投〔三〕?哲士營四海,細人聊自謀。聖作正思治,吾衰亮何酬。所望登才俊,濟濟揚鴻休。隱者嘉肥遯〔四〕,仕者當誰儔?寧無寥寂念,宜急瘡痍瘳。舍藏應有時,行矣毋淹留。

【編年】

此詩嘉靖六年(1527)五月三十日作於紹興。此詩真跡藏於故宮博物院,且詩末有跋曰:「子邕懷抱弘濟,而當道趣駕甚勤。戀戀庭闈,孝情雖至,顧恐事君之義□未為得也。詩以餞之,亦見老懷耳。陽明山人守仁識,時嘉靖丁亥五月晦。」〔註33〕

【校注】

〔一〕蕭子邕:蕭鳴鳳。《明史》卷二百八《蕭鳴鳳傳》曰:「蕭鳴鳳,字子雝,浙

〔註33〕束景南《王陽明年譜長編》,第1834頁。

江山陰人。少從王守仁遊。舉鄉試第一。正德九年成進士，授御史。副史胡世寧下獄，抗章救之。同官內江高公韶劾王瓊誤邊計，言：『松潘副將吳坤請增設總兵於成都，瓊即以坤任之。花當本我屬衛，日憑陵。由本兵非人，致小醜輕中國。』瓊恐，奏訐公韶。中旨責公韶陰結外蕃，交通間牒，令首實。鳴鳳上疏曰：『劾瓊所論者，天下之事。瓊不當逞忿恣辯，以箝諫官口。』中旨責鳴鳳黨庇，而謫公韶富民典史。鳴鳳又劾江彬恃寵恣肆，蔓將難圖。士論壯之。尋巡視山海諸關。武宗將出塞捕虎，鳴鳳疏諫，因具陳官司掊尅，軍民疾苦狀。不報。引疾歸。起督南畿學政。諸生以比前御史陳選，曰：『陳，泰山；蕭，北斗。』嘉靖初，遷河南副使，仍督學政。考察拾遺被劾。吏部惜其學行，調為湖廣兵備副使。明年復改督廣東學政。鳴鳳三督學政，廉無私。然性剛狠，以憤撻肇慶知府鄭璋。璋愬愄，投劾去，由是物論大譁。八年考察，兩京言官交章論，坐降調。已，與璋相抵訐。皆下巡按御史逮治。鳴鳳遂不出。」此詩即為蕭鳴鳳調為湖廣兵備副使，啟程赴任之時，王陽明的贈別之作。

〔二〕考槃：成德樂道。《詩經・衛風・考槃》：「考槃在澗，碩人之寬。」毛傳：「考，成；槃，樂。」陳奐《詩毛氏傳疏》：「成樂者，謂成德樂道也。」

〔三〕豈伊枋榆投：典出《莊子・逍遙遊》：「蜩與鸒鳩笑之曰：『我決起而飛，搶榆枋，時則不至而控於地而已矣，奚以之九萬里而南為？』」

〔四〕肥遯：退隱。《周易・遯卦》：「上九，肥遯，無不利。」孔穎達《周易注疏》：「子夏傳曰：『肥，饒裕也。』……上九最在外極，無應於內，心無疑顧，是遯之最優，故曰肥遯。」

中秋

去年中秋陰復晴，今年中秋陰復陰。百年好景不多遇〔一〕，況乃白髮相侵尋〔二〕。吾心自有光明月〔三〕，千古團圓永無缺。山河大地擁清輝，賞心何必中秋節。

【編年】

此詩嘉靖六年（1527）中秋節作於紹興。

【校注】

〔一〕百年好景不多遇：元・王冕《看山》：「酌醥數斗且盡醉，好景百年能幾回？」

〔二〕侵尋：漸漸發展。《史記・孝武本紀》：「是歲，天子始巡郡縣，侵尋於泰山

矣。」宋・趙蕃《放舟始作》:「青林向搖落,白髮益侵尋。」

〔三〕光明月:此處指良知之心。

嘉靖丙戌十二月庚申始得子年已五十有五矣六有靜齋〔一〕二丈昔與先公同舉於鄉聞之而喜各以詩來賀藹然世交之誼也次韻為謝二首

【編年】

　　此組詩嘉靖五年(1526)十二月作於紹興。陽明先生《與歐陽崇一書二》:「去冬十二月十二日未時,得一子,今已逾百日,或可望長成也。」據此可知,錢德洪《陽明先生年譜》所言王正億生於十一月初七為誤,錢德洪曰:「繼室張氏出。先生初得子,鄉先達有靜齋、六有者,皆踰九十,聞而喜,以二詩為賀。先生次韻謝答之,有曰『何物敢云繩祖武,他年只好共爺長』之句。蓋是月十有七日也。先生初命名正聰,後七年壬辰,外舅黃綰因時相避諱,更今名。」

【校注】

　　〔一〕六有、靜齋:據束景南考證,此二人為嚴謹、魏澄〔註34〕。

其一

　　海鶴精神老益強,晚途詩價重圭璋。洗兒惠比金錢貴〔一〕,爛目光呈奎井祥。何物敢云繩祖武〔二〕,他年只好共爺長。偶逢燈事開湯餅〔三〕,庭樹〔四〕春風轉歲陽。

【校注】

　　〔一〕洗兒惠比金錢貴:古代風俗,在嬰兒出生後三天或滿月之日為其洗身,參加洗兒儀式的客人會帶金錢或禮品為賀。《資治通鑒・唐玄宗天寶十載》:「上聞後宮歡笑,問其故,左右以貴妃三日洗祿兒對。上自往觀之,喜,賜貴妃洗兒金銀錢。」宋・王禹偁《張屯田弄璋三日晏不會客戲題短什期以滿月開筵》:「洗兒已過三朝會,屈客應須滿月筵。」

　　〔二〕祖武:武為足,祖武引申為先人的足跡或事業。《詩經・大雅・下武》:「昭茲來許,繩其祖武。」鄭玄箋:「戒慎其祖考所履踐之跡。」

　　〔三〕湯餅:舊俗壽辰及小孩出生第三天或滿月、周歲時舉行的慶賀宴會。因備有象徵長壽的湯麵,故名。《金史・忠義傳四・畢資倫》:「提控王祿湯餅會,軍

〔註34〕束景南《王陽明年譜長編》,第1804頁。

中宴飲，宋龜山統制時青乘隙襲破泗州西城。」元・張翥《最高樓・為山村仇先生壽》：「願年年，湯餅會，樂情親。」

〔四〕庭樹：《世說新語》上卷上《言語》：「謝太傅問諸子侄：『子弟亦何預人事，而正欲使其佳？』諸人莫有言者，車騎（謝玄）答曰：『譬如芝蘭玉樹，欲使其生於階庭耳。』」

其二

自分秋禾後吐芒〔一〕，敢云琢玉晚成璋。漫憑先德餘家慶〔二〕，豈是生申降嶽〔三〕祥。携抱且堪娛老況，長成或可望書香。不辭歲歲臨湯餅，還見吾家第幾郎。

【校注】

〔一〕自分秋禾後吐芒：陽明晚年得子，心情非常高興，將此事比作秋季水稻，晚吐稻芒。子嗣問題一直都是困擾陽明的大事，但是陽明對此事的態度也比較灑脫，如明・尤時熙《尤西川先生擬學小記》卷六《紀聞》：「近齋（朱得之）曰，陽明老師年逾五十未立冢嗣，門人有為師推算，老師喻之曰：『子繼我形，諸友有得我心者，是真子也。慨自興兵以來，未論陣亡，只經我點名戮過者甚多，倘有一人冤枉，天絕我後，我是不以子之有無為意。』」

〔二〕餘家慶：《周易・坤卦・文言》：「積善之家必有餘慶，積不善之家必有餘殃。」

〔三〕生申降嶽：申伯降生之日，後世引申為生日祝福之辭。《詩經・大雅・崧高》：「崧高維嶽，駿極於天。維嶽降神，生甫及申。」毛傳：「崧，高貌，山大而高曰崧。嶽，四嶽也。東嶽岱，南嶽衡，西嶽華，北嶽恒。堯之時，姜氏為四伯，掌四嶽之祀，述諸侯之職，於周則有甫、有申、有齊、有許也。駿，大。極，至也。嶽降神靈和氣，以生申甫之大功。」

兩廣詩二十一首

嘉靖丁亥起平思田之亂。

秋日飲月巖新構別王侍御〔一〕

湖山久繫念，塊處〔二〕限形迹。遙望一水間〔三〕，十年靡由即。軍旅起衰廢，驅馳豈遑息〔四〕？前旌道回岡，取捷上畸側。新構鬱層椒，石門轉深寂。是時霜始降，風凄群卉拆。壑靜響江聲，窗虛涵海色。夕陰下西岑，涼月穿東壁。觀風此餘情，撫景見高臆。匪從群公餞，何因得良覿。南徼方如燬，救焚敢辭趏。來歸幸有期，終遂幽尋僻。

【編年】

此詩嘉靖六年（1527）九月作於杭州。束景南《王陽明年譜長編》：「嘉靖六年九月，遊吳山、月巖、御校場，訪巡按御史王璜，有詩詠。」〔註1〕

【校注】

〔一〕王侍御：據束景南《王陽明年譜長編》考證，此人為浙江巡按王璜，「陽明來訪王璜，正當王璜將罷之時」〔註2〕。《明世宗實錄》卷八十：「嘉靖六年九月戊寅，署督察院事、兵部左侍郎張璁，考察各道不職御史共十二人，酷暴為民。浙江巡按王璜不瑾，閒住。」

〔二〕塊處：塊然獨處。宋·蔡襄《觀天馬圖》：「揚子雲者，殫思深湛，著符清淨，塊處天閣，絕與人事，而有尚白之嘲，覆瓿之誚。」

〔註1〕束景南《王陽明年譜長編》，第1890頁。
〔註2〕束景南《王陽明年譜長編》，第1891頁。

〔三〕一水間：《古詩十九首》其十：「盈盈一水間，脈脈不得語。」

〔四〕遑息：《詩經·召南·殷其靁》：「何斯違斯，莫敢遑息。」毛傳：「息，止也。」

【著錄】

明·曹學佺編《石倉歷代詩選》卷四百五十五著錄此詩。

復過釣臺

憶昔過釣臺〔一〕，驅馳正軍旅。十年今始來，復以兵戈起。空山煙霧深，往迹如夢裏。微雨林徑滑，肺病雙足胝。仰瞻臺上雲，俯濯臺下水。人生何碌碌？高尚當如此。瘡痍念同胞〔二〕，至人匪為己。過門不遑入〔三〕，憂勞豈得已？滔滔良自傷，果哉末難矣。

右正德己卯獻俘行在，過釣臺而弗及登。今茲復來，又以兵革之役，兼肺病足瘡，徒顧瞻悵望而已。書此付桐廬尹沈元材刻置亭壁，聊以紀經行歲月云耳。嘉靖丁亥九月廿二日書，時從行進士錢德洪、王汝中、建德尹楊思臣及元材，凡四人。

【編年】

此詩嘉靖六年（1527）九月二十二日作於嚴灘。束景南《王陽明年譜長編》：「九月二十二日，過嚴灘釣臺，有詩詠，刻置亭壁。」〔註3〕

【校注】

〔一〕釣臺：東漢嚴子陵垂釣處，故址在浙江桐廬富春山上。《後漢書·嚴光傳》曰：「除為諫議大夫，不屈，乃耕於富春山，後人名其釣處為嚴陵瀨焉。」

〔二〕同胞：同父母所生的兄弟姊妹，引申為同為人類。宋·張載《西銘》：「民吾同胞，物吾與也。」注曰：「人物並生於天地之間，其所資以為體者，皆天地之塞；其所得以為性者，皆天地之帥也。然體有偏正之殊，故其於性也不無明暗之異。惟人也得其形氣之正，是以其心最靈，而有以通乎性命之全體，於並生之中，又為同類而最貴焉，故曰同胞，則其視之也皆如己之兄弟矣。」

〔三〕過門不遑入：此句用大禹治水過家門而不入典故。《史記·夏本紀》：「禹傷先人父鯀功之不成受誅，乃勞身焦思，居外十三年，過家門不敢入。」

〔註3〕束景南《王陽明年譜長編》，第1893頁。

方思道〔一〕送西峰

　　西峰〔二〕隱真境，微境臨通衢。行役空屢屢，過眼被塵迷。青林外延望，中閟何由窺？方子巖廊器，兼已雲霞姿。每逢泉石處，必刻棠陵詩〔三〕。茲山秀常玉，之子囊中錐。群峰灑秋氣，喬木含涼吹。此行非佳餞，誰為發幽奇？奈何眷清賞，局促牽至期。悠悠傷絕學，之子亦如斯。為君指周道〔四〕，直往〔五〕勿復疑。

【編年】

　　此詩嘉靖六年（1527）九月二十八日作於浙江常山。錢德洪《陽明先生年譜》：「（嘉靖六年九月）戊戌，過常山。」錢德洪認為陽明至常山的時間是九月二十四日，束景南根據陽明《寄正憲男書》二云：「即日已抵常山兩日，明早過玉山矣。」陽明此書作於「九月卅日」，則兩日以前應為九月二十八日，故束景南《王陽明年譜長編》曰：「嘉靖六年九月二十八日，至常山，訪棠陵方豪，相別於西峰，有詩詠。」〔註4〕

【校注】

〔一〕方思道：方豪。《明史·文苑傳·方豪傳》曰：「方豪，字思道，開化人。正德三年進士，除崑山知縣。歲大潦，郭門外皆成巨浸，民盡逃死，不能供徭賦。豪解帶自繫郡獄上奏，乞蠲征穛，報可。十四年，以刑部主事諫武宗南巡，跪闕下五日，復杖之。歷湖廣僉事副使，罷歸。豪負才磊落，曠達不羈，探奇歷勝，與鄭善夫同好，歸隱棠川，以詩酒自娛，有詩文集行世。」

〔二〕西峰：束景南《王陽明年譜長編》：「《棠陵文集》卷三《孤樹堂記》云：『嘉靖六年冬十月初六日，予蒙恩起廢，復除廣東按察司僉事。』是方豪其時家居常山，西峰乃其隱居之地。」〔註5〕

〔三〕棠陵：方豪詩文集名《棠陵集》，《四庫全書總目》卷一百七十六《棠陵集》提要曰：「《棠陵集》八卷，明方豪撰。豪有《斷碑集》，已著錄。是集前六卷為文，後二卷為詩。豪與鄭善夫友善，集中有祭鄭繼之文，敘交情極為篤摯，而詩則不及善夫遠甚。」

〔四〕周道：正道、大路。《詩經·小雅·四牡》：「四牡騑騑，周道倭遲。」朱熹注：「周道，大路也。」

〔註4〕束景南《王陽明年譜長編》，第 1897 頁。
〔註5〕束景南《王陽明年譜長編》，第 1897 頁。

〔五〕直往：勇往直前。《孟子·公孫丑上》：「昔者曾子謂子襄曰：『子好勇乎？吾嘗聞大勇於夫子矣。自反而不縮，雖褐寬博吾不惴焉；自反而縮，雖千萬人吾往矣。』」

西安雨中諸生出候因寄德洪汝中並示書院諸生

幾度西安道，江聲暮雨時。機關鷗鳥破，蹤跡水雲疑。仗鉞〔一〕非吾事，傳經〔二〕媿爾師。天真泉石秀，新有鹿門期〔三〕。

【編年】

此詩嘉靖六年（1527）九月作於浙江三衢。明·王畿《王畿集》卷二十《中憲大夫督察院右僉都御史在庵王公墓表》：「丁亥，仙師赴兩廣，道衢，君（王璣）與欒君惠、王君修易、林君文瓊、鄭君禮輩，候於江滸，復求印可。臨別，以詩示之，有云：『仗鉞非吾事，傳經愧爾師。』意蓋有在也。」錢德洪《陽明先生年譜·附錄一》：「先自師起征思、田，舟次西安，門人欒惠、王璣等數十人雨中出候。師出天真二詩慰之。」

【校注】

〔一〕仗鉞：手持黃鉞，指統帥軍隊。《後漢書·董卓傳》：「堅聞古之名將，仗鉞臨眾，未有不斷斬以示威武者也。」唐·杜甫《北征》：「桓桓陳將軍，仗鉞奮忠烈。」

〔二〕傳經：傳授經學。《南史·顧歡傳》：「聞吳興東遷邵玄之能傳五經文句，假為書師，從之受業。」唐·杜甫《秋興》詩之三：「匡衡抗疏功名薄，劉向傳經心事違。」

〔三〕鹿門期：鹿門山在湖北省襄陽縣。後漢龐德公攜妻子登鹿門山，採藥不返。後因用鹿門指隱士所居之地，鹿門期為隱居之約定。唐·杜甫《冬日有懷李白》：「未因乘興去，空有鹿門期。」

【著錄】

明·曹學佺編《石倉歷代詩選》卷四百五十五著錄此詩。

德洪汝中方卜書院盛稱天真之奇並寄及之

不踏天真路，依稀二十年。石門深竹邃，蒼峽瀉雲泉。泮壁環胥海，龜疇〔一〕見宋田。文明原有象，卜築〔二〕豈無緣？

【編年】

此詩嘉靖六年（1527）九月作於浙江西安縣。錢德洪《陽明先生年譜·附錄一》：「天真距杭州城南十里，山多奇巖古洞，下瞰八卦田，左抱西湖，前臨胥海。師昔在越講學時，嘗欲擇地當湖海之交，目前常見浩蕩，圖卜築以居，將終老焉。起征思、田，洪、畿隨師渡江，偶登茲山，若有會意者。臨發以告，師喜曰：『吾二十年前遊此，久念不及，悔未一登而去。』至西安，遺以二詩，有『天真泉石秀，新有鹿門期』及『文明原有象，卜築豈無緣』之句。」

【校注】

〔一〕龜疇：治理天下的法則。《書·洪範》孔傳曰：「天與禹，洛出書，神龜負文而出，列於背，有數至於九。禹遂因而第之，以成九類常道」。

〔二〕卜築：擇地建築住宅，即定居之意。《梁書·外士傳·劉訏》：「（劉訏）曾與族兄劉歊聽講於鍾山諸寺，因共卜築宋熙寺東澗，有終焉之志。」唐·李白《避地司空原言懷》：「卜築司空原，北將天柱鄰。」

【著錄】

明·曹學佺編《石倉歷代詩選》卷四百五十五著錄此詩。

寄石潭二絕

僕茲行無所樂，樂與二公一會耳。得見閑齋，固已如見石潭矣。留不盡之興於後期，豈謂樂不可極耶？聞尊恙已平復，必於不出見客，無乃太以界限自拘乎？奉次二絕，用發一笑，且以致不及請教之憾。

【編年】

此組詩嘉靖六年（1527）十月作於江西弋陽。

石潭即汪俊。二公即汪俊、汪偉兄弟。此時汪氏兄弟因大禮議被罷家居。《明史·汪俊傳》：「（嘉靖三年）三月朔，乃詔禮官加稱興獻帝為本生皇考恭穆獻皇帝，興國太后為本生母章聖皇太后，擇日祭告郊廟，頒詔天下，而別諭建室奉先殿側恭祀獻皇。俊等復爭曰……帝仍命遵前旨再議，俊遂抗疏乞休，再請益力。帝怒，責以肆慢，允其去。」「無乃太以界限自拘乎」，此言關涉到汪俊為何不主動出見陽明之原因，甚至有人認為汪俊高臥不出，意在與陽明絕交。如楊時喬，《明儒學案》卷四十八《文莊汪石潭先生俊》：「先生

（汪俊）既知聖人之學，不失其本心，便是復性，則陽明之以心即理若合符契矣，而謂陽明學不從窮事物之理，守吾此心，未有能中於理者，無乃自背其說乎？楊止庵言先生發明道體，可謂獨見，以陽明言性不分理氣，著說非之，陽明過弋陽，寄四絕以示絕交。按陽明所寄二絕，非四絕也。序云：『僕茲行無所樂，樂與二公一會耳。得見閑齋，固已如見石潭矣。留不盡之興與後期，豈謂樂不可極耶？』『見說新居止隔山，肩輿曉出暮堪還。知公久已藩籬散，何事深林尚閉關？』『乘興相尋涉萬山，扁舟亦復及門還。莫將身病為心病，可是無關卻有關？』此正朋友相愛之情，見之於辭，以是為絕交，則又何說？」〔註6〕黃宗羲反對楊止庵（楊時喬）的觀點，認為此二詩反映的是陽明與汪俊的朋友相愛之情，非絕交之詩。

其一

見說新居止隔山，肩輿〔一〕曉出暮堪還。知公久已藩籬〔二〕撤，何事深林尚閉關？

【校注】

〔一〕肩輿：乘坐轎子。《晉書・王獻之傳》：「嘗經吳郡，聞顧辟疆有名園，先不相識，乘平肩輿徑入。」唐・李紳《入揚州郭》：「非為掩身羞白髮，自緣多病喜肩輿。」

〔二〕藩籬：界限、障礙。《朱子語類》卷一一五：「為學，須是裂破藩籬，痛底做去，所謂『一杖一條痕！一摑一掌血』！使之歷歷落落，分明開去，莫要含糊。」

其二

乘興相尋涉萬山，扁舟亦復及門還〔一〕。莫將身病為心病〔二〕，可是

〔註6〕〔清〕黃宗羲《明儒學案》，第1142頁。按：束景南《王陽明年譜長編》曰：「後人節據陽明此二詩，以為汪俊與陽明講學不合，拒絕出見陽明，楊慎至以為陽明作此二絕而與汪俊絕交（見《明儒學案》卷四十八《文莊汪石潭先生俊》）」，黃宗羲所言為「楊止庵」，束景南將此人誤作楊慎，楊慎號升庵非止庵。楊止庵應為楊時喬，《明儒學案》卷四十二《端潔楊止菴先生時喬》曰：「楊時喬，字宜遷，號止菴，廣信上饒人。……登嘉靖乙丑進士第。歷禮部主事員外、尚寶司丞、南尚寶司卿、應天府丞、右通政、太僕寺卿、南太常寺卿、通政使。萬曆癸卯，陞吏部右侍郎，尋轉左，署部事。乙巳，大計京朝官，先生清執不徇奸相，給事錢夢皐、御史張似渠，皆四明注意之私人，察疏上，四明以兩人之故，并同察者特旨俱留用，且切責部院。先生累疏求去。己酉二月卒官。贈尚書，諡端潔。」

無關卻有關？

【校注】

〔一〕扁舟亦復及門還：此句用雪夜訪戴典故。南朝·宋·劉義慶《世說新語·任誕》：「王子猷居山陰，夜大雪，眠覺，開室，命酌酒，四望皎然，因起彷徨，詠左思《招隱詩》，忽憶戴安道。時戴在剡，即便夜乘小船就之。經宿方至，造門不前而返。人問其故，王曰：『吾本乘興而行，興盡而返，何必見戴。』」

〔二〕可是無關卻有關：汪俊與陽明學術有分歧，《明史·汪俊傳》：「後行誼修潔，立朝光明端介，學宗洛閩，與王守仁交好而不同其說，學者稱石潭先生。」陽明弟子如席書等人在大禮議中阿諛明世宗的態度也引起汪俊的反感，這些看似無關的學術觀點、政治立場的分歧，也影響著陽明與汪俊的朋友之情，看似無關，實則有關。

長生

長生〔一〕徒有慕，苦乏大藥〔二〕資。名山遍探歷，悠悠鬢生絲。微軀一繫念，去道日遠而。中歲忽有覺，九還〔三〕乃在茲。非爐亦非鼎，何坎復何離〔四〕？本無終始究，寧有死生期？彼哉遊方士〔五〕，詭辭〔六〕反增疑。紛然諸老翁，自傳困多岐。乾坤由我在，安用他求為？千聖皆過影，良知乃吾師。

【編年】

此詩嘉靖六年（1527）九月作於浙江常山。錢德洪《陽明先生年譜》：「（嘉靖六年九月）戊戌，過常山。詩曰：長生徒有慕，苦乏大藥資。名山遍深歷，悠悠鬢生絲。微軀一繫念，去道日遠而。中歲忽有覺，九還乃在茲。非爐亦非鼎，何坎復何離？本無終始究，寧有死生期？彼哉遊方士，詭辭反增疑。紛然諸老翁，自傳困多岐。乾坤由我在，安用他求為？千聖皆過影，良知乃吾師。」

【校注】

〔一〕長生：道教求長生的法術。南朝·宋·鮑照《代淮南王》：「淮南王，好長生，服食煉氣讀仙經。」

〔二〕大藥：道教的金丹。陽明先生本句直接來源於杜甫詩，唐·杜甫《贈李白》：「苦乏大藥資，山林跡如掃。」

〔三〕九還：即九轉，九次提煉。道教謂丹的煉製有一至九轉之別，而以九轉為貴。

晉・葛洪《抱朴子・金丹》：「九轉之丹服之，三日得仙。」唐・呂巖《七言詩》之二四：「九轉九還功若就，定將衰老返長春。」

〔四〕何坎復何離：坎、離本為《周易》的兩卦，道教以「坎男」借指汞，內丹家謂為人體內部的陰精；以「離女」借指鉛，內丹家謂為人體內部的陽氣。唐・呂巖《百字碑》：「氣回丹自結，壺中配坎離。」

〔五〕遊方士：雲遊四方之士，指出家人。晉・陶潛《桃花源詩》：「借問游方士，焉測塵囂外。」

〔六〕詭辭：詭異的言論。《漢書・揚雄傳下》：「雄見諸子各以其知舛馳，大氏詆訾聖人，即為怪迂，析辯詭辭，以撓世事。」

南浦道中

南浦〔一〕重來夢裏行，當年鋒鏑尚心驚。旌旗不動山河影，鼓角猶傳草木聲〔二〕。已喜閭閻多復業，獨憐饑饉未寬征。迂疏何有甘棠〔三〕惠，慚愧香燈父老迎〔四〕。

【編年】

此詩嘉靖六年（1527）十月作於江西南昌南浦驛。錢德洪《陽明先生年譜》：「（嘉靖六年）十月，至南昌。」

【校注】

〔一〕南浦：在今在江西省南昌市西南。唐・王勃《滕王閣》：「畫棟朝飛南浦雲，珠簾暮捲西山雨。」

〔二〕山河影、草木聲對偶，始見於元末明初・藍仁《余國權名行亭曰環谷中以舊得朱子所書風月無邊字扁之題詩四首》詩其三：「草木聲相應，山河影倒懸。」

〔三〕甘棠：《史記・燕召公世家》：「周武王之滅紂，封召公於北燕……召公巡行鄉邑，有棠樹，決獄政事其下，自侯伯至庶人各得其所，無失職者。召公卒，而民人思召公之政，懷棠樹不敢伐，哥詠之，作《甘棠》之詩。」後用以表示對賢官廉吏的愛戴或懷念。

〔四〕慚愧香燈父老迎：陽明先生途經南昌，受到眾多百姓之擁戴。錢德洪《陽明先生年譜》：「明日至南浦，父老軍民俱頂香林立，填途塞巷，至不能行。父老頂輿傳遞入都司。先生命父老軍民就謁，東入西出，有不舍者，出且復入，自辰至未而散，始舉有司常儀。」

重登黃土腦〔一〕

一上高原感慨重，千山落木正無窮。前途且與停西日，此地曾經拜北風〔二〕。劍氣晚橫秋色淨，兵聲寒帶暮江雄。水南多少流亡屋，尚訴征求杼軸空〔三〕。

【編年】

此詩嘉靖六年（1527）十月作於江西豐城。

【校注】

〔一〕黃土腦：地名，距豐城十五里。清‧傅澤洪《行水金鑑》卷一百五十五曰：「黃土腦十五里至豐城縣。」

〔二〕此地曾經拜北風：正德十四年六月十五日，陽明行至豐城，得知寧王謀反，且派兵追擊陽明，陽明急欲向南返回吉安備戰，但是南風大盛，船隻阻風難行。陽明祈禱北風，果然北風大作，陽明順利返回吉安。錢德洪《陽明先生年譜》：「十五日，至豐城縣界。典史鄧人報濠反狀，繼而知縣顧佖具言之。公度單旅倉猝，兵力未集，難即勤王，亟欲遡流趨吉安。南風方盛，舟人聞宸濠發千餘人來劫公，畏不敢發，乃以逆流無風為辭。公密禱於舟中，誓死報國，無何，北風大作。舟人猶不肯行，拔劍刜其耳，遂發舟。」

〔三〕杼軸空：軸應為柚。《詩經‧小雅‧大東》：「小東大東，杼柚其空。」鄭玄箋：「言其政偏，失砥矢之道也。譚無他貨，維絲麻爾，今盡杼柚不作也。」形容生產廢弛，貧無所有。

過新溪驛〔一〕

猶記當年築此城，廣猺湖寇正縱橫〔二〕。人今樂業皆安堵〔三〕，我亦經過一駐兵。香火沿門慚老稚，壺漿〔四〕遠道及從行。峰山弩手疲勞甚，且放歸農莫送迎。

【編年】

此詩嘉靖七年（1527）十一月四日作於江西臨川新溪驛。《陽明詩錄》收錄此詩，題作《宿新城》，且詩後有跋曰：「嘉靖丁亥十一月四日，有事兩廣，駐兵新城。此城予巡撫時所筑。峰山弩手，其始蓋優恤之，以俟調發；其後漸苦於迎送之役，故詩及之。」

【校注】

〔一〕新溪驛：即小溪驛。《民國大庾縣志》卷三：「小溪驛，明洪武四年立，舊在小溪城外，溪水衝齧漸圮，改建山坡。正德十二年，以崋賊故，王都御史守仁遷於峰山新城。」

〔二〕猶記當年築此城，廣猺湖寇正縱橫：此城，即新城，原為峰山城。《民國大庾縣志》卷三：「峰山城，在小溪北十五里峰山裏，民素善弩。明正德丙子，巡撫王守仁選為弩手，從征瑤寇。事平，民恐報復，懇懇築城自衛，許之。」

〔三〕安堵：安居。猶安居。《史記・田單列傳》：「即墨即降，願無虜掠吾族家妻妾，令安堵。」

〔四〕壺漿：用壺盛放飲料或酒。《孟子・梁惠王下》：「簞食壺漿，以迎王師。」

夢中絕句

此予十五歲時夢中所作〔一〕，今拜伏波祠下，宛如夢中，茲行殆有不偶然者，因識其事於此。

卷甲歸來馬伏波〔二〕，早年兵法鬢毛皤。雲埋銅柱雷轟折，六字題詩〔三〕尚不磨。

【編年】

此詩嘉靖七年（1527）八月錄於廣西橫州。束景南《王陽明年譜長編》：「（嘉靖七年八月），經橫州，謁伏波廟，有詩感懷，並錄十五歲時所作夢謁伏波廟詩以識其事。」〔註7〕

【校注】

〔一〕錢德洪《陽明先生年譜》：「（成化）二十有二年丙午，先生十五歲，寓京師。先生出遊居庸三關，即慨然有經略四方之志，詢邊人種落，悉聞備禦策。逐彼中騎射，彼中不敢犯，經月始返。一日，夢謁伏波將軍廟，賦詩曰：『卷甲歸來馬伏波，早年兵法鬢毛皤。雲埋銅柱雷轟折，六字題文尚不磨。』時畿內石英、王勇盜起，又聞秦中石和尚、劉千斤作亂，屢欲為書獻於朝。龍山公斥之為狂，乃止。」

〔二〕馬伏波：馬援嘗官伏波將軍，故稱馬伏波。《後漢書・馬援傳》：「（建武）十七年，又交阯女子徵側及女弟徵貳反，攻沒其郡，九真、日南、合浦蠻夷皆

應之，寇略嶺外六十餘城，側自立為王。於是璽書拜援伏波將軍。」

〔三〕六字題：銅柱折，交趾滅。明・彭大翼《山堂肆考》卷二十九《交趾銅柱》：
「《廣州記》：『馬援征交趾，立銅柱，為漢之極界。交趾人過其下，每以石培
之，遂成丘陵。援有誓云：銅柱折，交趾滅。培之，懼其折也。』」

謁伏波廟二首

【編年】

此詩嘉靖七年（1527）八月作於廣西橫州。

其一

四十年前夢裡詩〔一〕，此行天定豈人為？徂征〔二〕敢倚風雲陣，所
過須同時雨師〔三〕。尚喜遠人知向望，卻慚無術救瘡痍。從來勝算歸廊
廟，恥說兵戈定四夷〔四〕。

【校注】

〔一〕四十年前夢裡：陽明先生作《夢中絕句》時為十五歲，五十七歲作此組詩，
前後相隔四十二年。

〔二〕徂征：征討。《尚書・大禹謨》：「惟時有苗弗率，汝徂征。」宋・陸游《睡起
已亭午終日涼甚有賦》：「頗聞王旅徂征近，敷水・條山興已狂。」

〔三〕時雨師：王師平定叛亂，百姓得以安寧，如應時之雨水。宋・謝翱《宋騎吹
曲》其一：「王師所過如時雨，洗濯焦枯向荊楚。」陽明先生《時雨堂記》：
「正德丁丑，奉命平漳寇，駐軍上杭。旱甚，禱於行臺。雨日夜，民以為未
足。迺四月戊午班師，雨。明日，又雨。又明日，大雨。乃出田登城南之樓
以觀，民大悅。有司請名行臺之堂為時雨，且曰：『民苦於盜久，又重以旱，
將謂靡遺。今始去兵革之役，而大雨適降，所謂王師若時雨，今皆有焉。請
以志其實。』」

〔四〕從來勝算歸廊廟，恥說兵戈定四夷：此二句陽明先生是言廣西剿匪之成功乃
是朝廷決斷之功，非一己之力所能成。陽明先生《八寨斷藤峽捷音疏》：「乃
今於三月之內，止因湖廣便道之歸師，及用思、田報效之新附，兩地進兵，
不滿八千，而斬獲三千有奇，巢穴掃蕩，一洗萬民之冤，以除百年之患。此
豈臣等知謀才略之所能及，皆是皇上除患救民之誠心，默贊於天地鬼神，而
神武不殺之威，任人不疑之斷，震懾遠邇，感動上下；且廊廟諸臣咸能推誠

舉任，公同協贊，惟國是謀，與人為善。故臣等得以展布四體，無復顧慮，信其力之所能為，竭其心之所可盡，動無不宜，舉無弗振，諸將用命，軍士効力，以克致此。」

其二

樓船金鼓宿烏蠻〔一〕，魚麗〔二〕群舟夜上灘。月遶旌旗千嶂靜，風傳鈴柝九溪寒。荒夷〔三〕未必先聲服，神武由來不殺難〔四〕。想見虞廷〔五〕新氣象，兩堦干羽〔六〕五雲端〔七〕。

【校注】

〔一〕烏蠻：古代西南少數民族名。唐·杜甫《秋日夔府詠懷》：「絕塞烏蠻北，孤城白帝邊。」

〔二〕魚麗：即魚麗陣，古代陣法名稱，亦作魚麗陳。《左傳·桓公五年》「為魚麗之陳」晉·杜預注：「《司馬法》：『車戰二十五乘為偏。』以車居前，以伍次之，承偏之際而彌縫闕漏也。五人為伍。此蓋魚麗陳法。」南朝·梁·吳均《戰城南》：「五歷魚麗陣，三入九重圍。」

〔三〕荒夷：古時對海疆、邊陲地區的居民或民族的泛稱。三國·魏·阮籍《采薪者歌》：「留侯起亡虜，威武赫荒夷。」晉·盧諶〈贈崔溫〉：「李牧鎮邊城，荒夷懷南懼。」

〔四〕神武由來不殺難：以吉凶禍福威服天下而不用刑殺。《易·繫辭上》：「古之聰明叡知，神武而不殺者夫。」孔穎達疏：「夫《易》道深遠，以吉凶禍福威服萬物，故古之聰明叡知神武之君，謂伏犧等用此《易》道能威服天下，而不用刑殺而畏服之也。」陽明先生《八寨斷藤峽捷音疏》：「乃今於三月之內，止因湖廣便道之歸師，及用思、田報効之新附，兩地進兵，不滿八千，而斬獲三千有奇，巢穴掃蕩，一洗萬民之冤，以除百年之患。此豈臣等知謀才略之所能及，皆是皇上除患救民之誠心，默贊於天地鬼神，而神武不殺之威，任人不疑之斷，震懾遠邇，感動上下。」

〔五〕虞廷：虞舜的朝廷。虞舜為古代聖明之主，故亦以「虞廷」為「聖明之朝」的代稱，往往指詩人所處的朝代。《晉書·溫嶠傳》：「昔帝舜服事唐堯，伯禹竭身虞廷，文王雖盛，臣節不諼。故有庇人之大德，必有事君之小心，俾芳烈奮乎百世，休風流乎萬祀。」

〔六〕干羽：古代舞者所執的舞具。文舞執羽，武舞執干。《書·大禹謨》：「帝乃誕

敷文德，舞干羽於兩階。」

〔七〕五雲端：宋・陽枋《贊鄂帥張仁簡》：「水驛已終三楚尾，天闔猶向五雲端。」

元・周權《賀歐陽公除翰林學士》：「除書飛下五雲端，光煥蓬萊紫氣間。」

【著錄】

明・曹學佺編《石倉歷代詩選》卷四百五十五、清・錢謙益輯《列朝詩集》丙集卷四著錄此詩。

破斷藤峽

纔看干羽格苗夷，忽見風雷起戰旗。六月徂征非得已，一方流毒〔一〕已多時。遷賓玉石〔二〕分須早，柳慶雲霓怨莫遲。嗟爾有司懲既往，好將恩信撫遺黎〔三〕。

【編年】

此詩嘉靖七年（1527）四月十日作於廣西桂平斷藤峽。陽明先生《八寨斷藤峽捷音疏》：「初三日寅時一齊抵巢。各賊先防湖兵經過，各將家屬生畜驅入巢後大山潛伏，賊首胡緣二等各率徒黨團結防拒。然訪知本院駐紮南寧，寂無征剿消息，又不見調兵集糧，而湖兵之歸，又皆偃旗息鼓，畧無警備，遂皆怠弛，不以為意。至是突遇官兵四面攻圍，各賊倉惶失措，然猶恃其驍悍，蜂擁來敵。當有彭明輔、彭九霄、彭宗舜並頭目田大有、彭輔等督率目兵，奮不顧身，衝突矢石，敵殺數合，賊鋒摧敗，當陣生擒斬獲首賊並次從賊徒賊級六十九名顆，俘獲男婦及奪回被擄人口、牛隻、器械等項數多。餘賊退敗，復據仙女大山，憑險結寨。各兵追圍，攀木緣崖，設策仰攻。至初四日，復破賊寨，當陣生擒斬獲首賊並次從賊徒賊級六十二名顆。初五日，復攻破油榨、石壁、大陂等巢，生擒斬獲首賊及次從賊徒賊級七十九名顆，俘獲男婦、牛隻、器械等項數多。餘賊奔至斷藤峽、橫石江邊，因追兵緊急，爭渡覆溺死者，約有六百餘徒。官兵復從後奮勇追殺，當陣生擒獲斬首賊及次從賊徒賊級六十五名顆，俘獲男婦、牛畜、器械等項數多。各賊間有一二漏網，亦皆奔竄他境。官兵追殺，至於本月初十日，遍搜山峒無遺。稟蒙收兵，回至潯州府駐紮。」

【校注】

〔一〕流毒：流播毒害。《尚書・泰誓中》：「有夏桀弗克若天，流毒下國。」

〔二〕玉石：美玉和頑石，比喻好壞、賢愚。《楚辭·九章·懷沙》：「同糅玉石兮，
　　　一概而相量。」

〔三〕遺黎：劫後殘留的人民。《舊唐書·裴度傳》：「度乃約法，唯盜賊鬥殺外，餘
　　　盡除之，其往來者，不復以晝夜為限，於是蔡之遺黎始知有生人之樂。」

平八寨

　　見說韓公破此蠻，貔貅十萬騎連山〔一〕。而今止用三千卒，遂爾收
功一月間。豈是人謀能妙算？偶逢天助及師還〔二〕。窮搜極討非長計，
須有恩威〔三〕化梗頑。

【編年】

　　此詩嘉靖七年（1527）四月二十三日作於廣西上林、忻城交界處之八寨。
陽明先生《八寨斷藤峽捷音疏》：「又該督兵右布政林富，舊任副總兵張祐等，
遵奉本院方略，分督田州府報効頭目盧蘇等目兵及官軍人等三千名，思恩府
報効頭目王受等目兵及官軍人等二千名，韋貴等目兵，及官軍鄉款人等一千
一百名，照依分定哨道，進勦八寨稔惡猺賊，刻期於本年四月二十三日卯時
一齊抵巢。先於二十二日晚，於新墟地方集各土目人等，申布本院密授方略，
乘夜銜枚速進，所過村寨，寂然不知有兵。黎明各抵賊寨，遂突破石門天險，
我兵盡入。賊方驚覺，皆以為兵從天降，震駭潰竄，莫知所為。我兵乘勝追
斬，各賊且奔且戰。薄午，四遠各寨驍賊聚眾二千餘徒，各執長標毒弩，並勢
呼擁來拒，極其猛悍。我兵鼓噪奮擊而前，聲震巖谷，無不一當十。賊既失險
奪氣，而我兵愈戰益奮，賊不能支，遂大奔潰。當陣生擒斬獲首賊及次從賊
徒賊級二百九十一名顆，俘獲男婦、畜產、器械數多。賊皆分陣聚黨，奔入極
高大山，據險立寨。」

【校注】

〔一〕見說韓公破此蠻，貔貅十萬騎連山：此二句言成化元年（1465）都御史韓雍
　　　勦平大藤峽匪患。《明史·憲宗本紀》曰：「成化元年春正月甲子，命都督同
　　　知趙輔為征夷將軍充總兵官，僉都御史韓雍贊理軍務，討廣西叛猺。……是
　　　月（十二月），韓雍大破大藤峽猺，改名峽曰斷藤。」《明史·韓雍傳》：「韓
　　　雍，字永熙，長洲人。正統七年進士，授御史。……成化元年正月，大發兵，
　　　拜都督趙輔為總兵官，以太監盧永、陳瑄監其軍。兵部尚書王竑曰：『韓雍才
　　　氣無雙，平賊非雍莫可。』乃改雍左僉都御史，贊理軍務。……乃督兵十六

萬人，分五道，先破修仁賊，窮追至力山，禽千二百餘人，斬首七千三百級，荔浦亦定。……十二月朔，雍等督諸軍水陸並進。雍團牌登山，殊死戰，連破石門、林峒、沙田、右營諸巢，焚其室廬積聚，賊皆奔潰。伐木開道，直抵橫石塘及九層樓諸山。賊復立柵數重，憑高以拒官軍。誘賊發矢石，度且盡，雍躬督諸軍緣木攀藤上，別遣壯士從間道先登，據山項舉礮，賊不能支，遂大敗。先後破賊三百二十四砦，生禽大狗及其黨七百八十人，斬首三千二百有奇，墜溺死者不可勝計。峽有大藤如虹，橫亙兩崖間，雍斧斷之，改名斷藤，峽勒石紀功而還。」

〔二〕豈是人謀能妙算？偶逢天助及師還：意謂本次剿匪完勝之功非人謀所及，乃是得天之助，且藉助湖廣便道歸師之助。陽明先生《八寨斷藤峽捷音疏》：「乃今於三月之內，止因湖廣便道之歸師，及用思、田報劾之新附，兩地進兵，不滿八千，而斬獲三千有奇，巢穴掃蕩，一洗萬民之冤，以除百年之患。此豈臣等知謀才略之所能及，皆是皇上除患救民之誠心，默贊於天地鬼神，而神武不殺之威，任人不疑之斷，震懾遠邇，感動上下；且廟廊諸臣咸能推誠舉任，公同協贊，惟國是謀，與人為善。故臣等得以展布四體，無復顧慮，信其力之所能為，竭其心之所可盡，動無不宜，舉無弗振，諸將用命，軍士効力，以克致此。」

〔三〕恩威：恩惠與威力。多指仁政與刑治。《魏書·皇后傳·宣武靈皇后胡氏》：「自是朝政疏緩，恩威不立，天下牧守，所在貪惏。」唐·崔璞《蒙恩除替將還京洛偶敘所懷》：「務繁多簿籍，才短乏恩威。」

南寧二首

【編年】

此組詩嘉靖七年（1527）五月作於廣西南寧。

其一

一駐南寧五月餘〔一〕，始因送遠過僧廬。浮屠絕壁經殘燹，井竈沿村見廢墟。撫恤尚慚凋弊後，遊觀正及省耕〔二〕初。近聞襁負〔三〕歸猺獞，莫陋夷方不可居。

【校注】

〔一〕一駐南寧五月餘：嘉靖六年（1527）十二月二十六日，陽明先生抵南京，至

此組詩之作，已五月有餘。陽明先生《奏報田州思恩平復疏》:「二十六日，臣至南寧府，乃下令盡撤調集防守之兵，數日之內，解散而歸者數萬有餘。」

〔二〕省耕:視察春耕。《孟子·梁惠王下》:「春省耕而補不足，秋省斂而助不給。」

〔三〕襁負:用襁褓背負。《韓詩外傳》卷三:「道無襁負之遺育。」

【著錄】

明·曹學佺編《石倉歷代詩選》卷四百五十五、明·方瑜撰《(嘉靖)南寧府志》卷十文藝志、清·金鉷修《雍正廣西通志》卷一百二十三、清·汪森編《粵西詩文載》卷十六著錄此詩。

其二

勞矣田人莫遠迎，瘡痍〔一〕未定犬猶驚。燹餘破屋須先緝，雨後荒畬莫廢耕。歸喜逃亡來負襁，貧憐繻綺綴旗旌。聖朝恩澤寬如海，甑鮒盆魚〔二〕縱爾生。

【校注】

〔一〕瘡痍:災害戰亂。漢·桓寬《鹽鐵論·國疾》:「然其禍累世不復，瘡痍至今未息。」

〔二〕甑鮒盆魚:疑為甑塵釜魚，形容家貧斷炊。《後漢書·獨行傳·范冉》:「所止單陋，有時絕粒，窮居自若，言貌無改。閭里歌之曰:『甑中生塵范史雲，釜中生魚范萊蕪。』」范冉字史雲，桓帝以為萊蕪長。

【著錄】

明·曹學佺編《石倉歷代詩選》卷四百五十五、明·方瑜撰《(嘉靖)南寧府志》卷十文藝志、清·金鉷修《雍正廣西通志》卷一百二十三、清·汪森編《粵西詩文載》卷十六著錄此詩。

往歲破桶岡宗舜祖世麟老宣慰實來督兵今茲思田之役乃隨父致仕宣慰明輔來從事目擊其父子孫三世皆以忠孝相承相尚也詩以嘉之

宣慰彭明輔，忠勤晚益敦〔一〕。歸師當五月，冒暑淨蠻氛。九霄〔二〕雖已老，報國意尤懃。五月衝炎暑，回軍立戰勳。愛爾彭宗舜〔三〕，少年多戰功。從親心已孝，報國意尤忠。

【編年】

此詩嘉靖七年（1527）五月底作於廣西南寧。束景南《王陽明年譜長編》

曰：「五月十七日破黃田諸寨，進剿已近尾聲，故陽明乃命湖兵先行歸軍（全軍班師在六月十一日）。陽明六月四日所作《寄何燕泉手札》中云：『使來，值湖兵正還。』可見湖兵回軍在五月底。陽明蓋是在八寨送湖兵歸南寧。」〔註8〕

【校注】

〔一〕宣慰彭明輔，忠勤晚益敦：此二句言彭明輔在八寨、斷藤峽剿匪過程中居功甚偉，陽明先生《八寨斷藤峽捷音疏》亦為佐證，其文曰：「照得宣慰彭明輔、彭九霄、官男彭宗舜等，皆衝犯暑毒，身親陷陣，事竣之後，狼狽扶病而歸，生死皆未可必。其官男彭藎臣者，亦遣家丁遠來報効。兩年之間，顛頓道途，疾疫死亡，誠有人情所不能堪者。而彭明輔等忠義奮發，略無悔怠，即其一念報國之誠，殊有所不可泯者。」

〔二〕九霄：彭九霄。

〔三〕彭宗舜：據陽明先生《劄付永順宣慰司官舍彭宗舜冠帶聽調》：「彭宗舜，係致仕宣慰彭明輔嫡生次男。」可知，彭宗舜為彭明輔次子。

題甘泉居〔一〕

我聞甘泉居，近連菊坡〔二〕麓。十年勞夢思，今來快心目。徘徊欲移家，山南尚堪屋。渴飲甘泉泉，飢湌菊坡菊。行看羅浮〔三〕雲，此心聊復足。

【編年】

此詩嘉靖七年（1527）閏十月作於廣東增城。錢德洪《陽明先生年譜》：「先生五世祖諱綱者，死苗難，廟祀增城。是月，有司復新祠宇，先生謁祠奉祀。過甘泉先生廬，題詩於壁。」並錄此詩與《書泉翁壁》。

【校注】

〔一〕甘泉居：湛若水舊居。羅洪先《湛甘泉先生墓表》：「湛氏居廣之增城甘泉都，四方學者宗之，稱甘泉先生。」

〔二〕菊坡：在今廣東增城市鳳凰山。《雍正廣東通志》卷四十四《崔與之傳》曰：「崔與之，字正子，增城人。少有奇節，遊太學。紹興四年，登進士，廣士由太學擢第自與之始。……嘗築菊坡以自適，後李昂英侍講經筵，理宗詢及，嘉歎久之，大書菊坡二字賜其家。」

〔註8〕束景南《王陽明年譜長編》，第1973～1974頁。

〔三〕羅浮：羅浮山，在今廣東博羅縣西北。《雍正廣東通志》卷十：「羅浮山，在增城、博羅二縣之界。舊傳蓬萊一峰浮海而來，與羅山合，故名。高三千六百丈，周圍三百二十七里。」

【著錄】

清·宋廣業撰《羅浮山志會編》卷十五著錄此詩；清·陸廷燦撰《藝菊志》卷四著錄此詩，題為《題甘泉菊坡》。

書泉翁壁

我祖死國事〔一〕，肇禋在增城〔二〕。荒祠幸新復〔三〕，適來奉初烝。亦有兄弟好〔四〕，念言思一尋。蒼蒼兼葭〔五〕色，宛隔環瀛〔六〕深。入門散圖史，想見抱膝吟〔七〕。賢郎敬父執〔八〕，童僕意相親。病軀不遑宿，留詩慰慇懃。落落千百載，人生幾知音？道通著形迹，期無負初心〔九〕。

【編年】

此詩嘉靖七年（1527）閏十月作於廣東增城。束景南《王陽明年譜長編》：「（嘉靖七年）閏十月，增城忠孝祠成，陽明赴增城謁祠奉祀，題詩祠壁，重刻王綱傳碑立石，廣東提學副使蕭鳴鳳為作記。」〔註9〕

【校注】

〔一〕我祖死國事：陽明五世祖王綱在增城被海寇殺害，為國盡忠。《王陽明全集》卷三十八《世德紀》載張壹民《王性常先生傳》曰：「洪武四，年以文學徵至京師。時性常年已七十，而齒髮精神如少壯。上問而異之。親策治道，嘉悅其對，拜兵部郎中。未幾，潮民弗靖，遂擢廣東叅議，往督兵糧。謂所親曰：『吾命盡茲行乎？』致書與家人訣，攜其子彥達以行。至則單舸往諭，潮民感悅，咸扣首服罪，威信大張。回至增城，遇海寇曹真竊發，鼓譟突至，截舟羅拜，願得性常為帥。性常諭以逆順禍福，不從，則厲聲叱罵之。遂共扶舁之而去。賊為壇坐性常，日羅拜請不已。性常亦罵不絕聲，遂遇害。」

〔二〕肇禋：開始祭祀。《詩經·周頌·維清》：「維清緝熙，文王之典。肇禋，迄用有成，維周之禎。」毛傳：「肇，始；禋，祀也。」

〔三〕荒祠幸新復：《王陽明全集》卷十八《批增城縣改立忠孝祠申》：「據增城縣申

稱：『系得廣東系議王綱，字性常，洪武年間因靖潮寇，父子貞忠大孝，合應崇祀，於城南門外天妃廟改立忠孝祠。』看得表揚忠孝，樹之風聲，以興起民俗，此最為政之先務；而該縣知縣朱道瀾乃能因該學師生之請，振舉廢墜，若此則其平日職業之修，志向之正，從可知矣。仰行該縣悉如所議施行，其神像牌位及祭物等項，俱聽從宜酌處，完日具由回報。」《嘉慶增城縣志》卷十七載蕭鳴鳳《忠孝祠記》：「嘉靖戊子歲，知增城縣朱道瀾始立祠於城南，並置田三十九畝，圖歲祀焉。適公六世孫新建伯兵部尚書陽明先生督南方列省軍事，既平邕、桂，旋節廣東，因設祭祠下。」據此可知，祭祀王綱父子的忠孝祠是增城知縣朱道瀾所重修，事先也曾徵得陽明許可。忠孝祠重修完畢之後，陽明遂於本年十月來此祭奠先祖。

〔四〕亦有兄弟好：陽明與湛若水交情甚篤，情同手足。黃佐《廣東通志》卷四十二《藝文志》載陽明《與提學副使蕭鳴鳳》：「吾祖寓此，而甘泉又平生交義兄弟，吾視增城，即故鄉。」湛若水《泉翁大全集》卷三《重修贈江忠孝祠記》：「吾昔與陽明公勠力以起斯文，是故道義骨肉之愛根於天性。」

〔五〕蒼蒼蒹葭：《詩經·秦風·蒹葭》：「蒹葭蒼蒼，白露為霜。」毛傳：「蒹，薕。葭，蘆也。蒼蒼，盛也。」

〔六〕環瀛：宇宙、世界。《史記·孟子荀卿列傳》：「中國名曰赤縣神州……中國外如赤縣神州者九，乃所謂九州也。於是有裨海環之，人民禽獸莫能相通者，如一區中者，乃為一州。如此者九，乃有大瀛海環其外，天地之際焉。」

〔七〕抱膝吟：《三國志·蜀志·諸葛亮傳》裴松之注：「亮每晨夕從容，常抱膝長嘯。」北周·庾信《臥疾窮愁詩》：「詎知長抱膝，獨為梁父吟。」

〔八〕父執：父親的好友。《禮記·曲禮上》：「見父之執，不謂之進，不敢進；不謂之退，不敢退；不問，不敢對。」孔穎達疏：「見父之執，謂執友與父同志者也。」唐·杜甫《贈衛八處士》：「怡然敬父執，問我來何方？」

〔九〕初心：本心。晉·干寶《搜神記》卷十五：「既不契於初心，生死永訣。」唐·吳融《和楊侍郎》：「煙霄慚暮齒，麋鹿愧初心。」

續編詩

雨霽遊龍山次五松韻

【編年】

此組詩弘治九年（1496）作於浙江餘姚。

龍山，即龍泉山。《乾隆浙江通志》卷十五：「龍泉山：《名勝志》：『在縣城中，秘圖山西一里許，山腰有微泉不竭，所謂龍泉也。舊名靈緒山，亦名嶼山。』方千《龍泉絕頂》：『未明先見海底日，良久遠雞方報晨。古樹含風常帶雨，寒巖四月始知春。中天氣爽星河近，下界時豐雷雨均。前後登臨思無盡，年年改換往來人。』謝遷《龍泉山》：『迤邐蟠龍接秘圖，雨中臺殿畫模糊。神仙勝境餘三島，狂客歸舟任五湖。地近東溟先見日，樹連南郭晚棲烏。高軒過處人爭訝，一片清冰照玉壺。』王守仁《龍泉山》：『我愛龍泉山，山僧頗疏野。盡日坐井欄，有時臥松下。一夕別山雲，三年走車馬。媿殺巖下泉，朝夕自清瀉。』」

五松，即魏瀚。錢德洪《陽明先生年譜》：「（弘治九年）歸餘姚，結詩社龍泉山寺。致仕方伯魏瀚平時以雄才自放，與先生登龍山，對奕聯詩，有佳句輒為先生得之，乃謝曰：『老夫當退數舍。』」《餘姚魏氏宗譜》：「魏瀚，字五松，景泰甲戌進士。歷仕北京僉都御史，知州、知府，江西方伯。」

其一

晴日須登獨秀臺，碧山重疊畫圖開〔一〕。閒心自與澄江老，逸興誰還白髮來〔二〕。潮入海門舟亂發，風臨松頂鶴雙廻。夜憑虛閣窺星漢，殊覺諸峰近斗魁〔三〕。

【校注】

〔一〕畫圖開：宋‧蘇軾《次韻子由書王晉卿畫山水二首》詩其二：「賴我胸中有佳處，一樽時對畫圖開。」

〔二〕此聯老、來對偶，乃詩中習見語。唐‧于鵠《別舊山》：「自是去人身漸老，暮山流水任東來。」唐‧韋應物《答端》：「坐憶故園人已老，寧知遠郡雁還來。」

〔三〕斗魁：北斗。宋‧陸游《寒夜歌》：「既不能挺長劍以抉九天之雲，又不能持斗魁以回萬物之春。」

其二

嚴光亭子勝雲臺，雨後高憑遠目開。鄉里正須吾輩在，湖山不負此公來。江邊秋思丹楓盡，霜外緘書白雁廻。幽朔會傳戈甲散〔一〕，已聞南徼授渠魁〔二〕。

【校注】

〔一〕此句指僉都御史許進討平土爾番阿哈瑪特攻叛亂之事。《明史》卷十五《孝宗本紀》：「十二月辛酉，巡撫甘肅僉都御史許進、總兵官劉寧入哈密，吐魯番遁，遂班師。」《明史》卷一百八十六《許進傳》：「許進，字季升，靈寶人。成化二年進士。……（弘治）七年遷陝西按察使。土魯番阿哈瑪特攻陷哈密，執忠順王善巴去，使其將伊蘭守之。尚書馬文升謂復哈密非進不可，乃薦為右僉都御史，巡撫甘肅。明年涖鎮，告諸將曰：『小丑陸梁，謂我不敢深入耳。堂堂天朝不能發一鏃塞外，何以慰遠人。』諸將難之。乃獨與總兵官劉寧謀，厚結舒垾圖，使以四千騎往，殺數百人，舒垾圖中流矢卒。舒垾圖故與土魯番世相讐，及死，其子博囉阿爾台益憤。進復厚結之，使斷賊道，無令東援伊蘭，而重犒赤斤、罕東及哈密遺種之居苦峪者，令出兵助討。十一月，副將彭清以精騎千五百出嘉峪關前行，寧與中官陸誾統二千五百騎繼之。越八日，諸軍俱會伊濟穆爾川。薄暮大風揚沙，軍士寒栗僵臥。進出帳外勞軍，有異鳥悲鳴，將士多雨泣。進慷慨曰：『男兒報國，死沙場幸耳，何泣為！』將士皆感奮。夜半風止，大雨雪。時番兵俱集，惟罕東兵未至，眾欲待之。進曰：『潛師遠襲，利在捷速，兵已足用，不須待也。』及明，冒雪倍道進。又六日，奄至哈密城下。伊蘭已先遁去，餘賊拒守。官軍四面竝進，拔其城，獲善巴妻女。賊退保圖拉。圖拉，華言大臺也。守者八百人，諸軍再戰不下。問其俘，則皆哈密人為伊蘭所劫者，進乃令勿攻。或欲盡殲之，進不可，遣

使撫諭即下。於是探伊蘭所向，分守要害，而疏請懷輯罕東諸衛為援，散土魯番黨與孤其勢，遂班師。錄功，加右副都御史。」（詩史互證之例）

〔二〕此句指許進討平土爾番阿哈瑪特攻叛亂之後，西北邊境諸酋開始畏懼明朝，紛紛納貢稱臣。《明史》卷三百二十九《哈密傳》：「文升銳意謀興復，用許進巡撫甘肅以圖之。進偕大將劉寧等潛師夜襲，伊蘭逸去，斬其遺卒，撫降餘眾而還。自明初以來，官軍無涉其地者，諸番始知畏，阿哈瑪特亦欲還善巴。然哈密屢破，遺民入居者且暮虞寇。阿哈瑪特果復來攻，固守不下，訖散去。諸人自以窮窘難守，盡焚室廬，走肅州求濟。邊臣以聞，詔賜牛具、穀種，並發流寓三種番人及哈密之寄居赤斤者，盡赴苦峪及瓜、沙州，俾自耕牧，以圖興復。」

雪窗閒臥

夢廻雙闕〔一〕曙光浮，懶臥茅齋且自由。巷僻〔二〕料應無客到，景多惟擬作詩酬。千巖積素供開卷，疊嶂廻溪好放舟〔三〕。破虜玉關真細事，未將吾筆遂輕投〔四〕。

【編年】

此詩弘治九年（1496）作於浙江餘姚。

【校注】

〔一〕雙闕：京都。唐·杜甫《承聞河北諸道節度入朝歡喜口號絕句十二首》詩其十：「酒酣並轡金鞭垂，意氣即歸雙闕舞。」

〔二〕巷僻：偏僻的巷子。唐·張喬《秋夕》：「巷僻行吟遠，蛩多獨臥遲。」

〔三〕好方舟：宋·楊萬里《永和放船二首》詩其一：「永和不到又經秋，淡日微風好放舟。」

〔四〕此句用班超投筆從戎典。《後漢書·班超傳》：「（班超）家貧，常為官傭書以供養。久勞苦，嘗輟業投筆歎曰：『大丈夫無它志略，猶當效傅介子、張騫立功異域，以取封侯，安能久事筆研間乎？』」

次韻畢方伯〔一〕寫懷之作

孔顏〔二〕心迹臯夔〔三〕業，落落乾坤〔四〕無古今。公自平生懷真氣，誰能晚節負初心〔五〕。獵情老去驚猶在，此樂年來不費尋。矮屋低頭真局促，且從峰頂一高吟。

【編年】

此詩弘治十六年（1503）作於浙江餘姚。

【校注】

〔一〕畢方伯：畢亨。明·凌迪知《萬姓統譜》卷一百十五：「畢亨，字嘉會，新城人。成化乙未進士，授吏部主事，歷順天府丞，忤權貴，謫兩淮運司，同知薦陞湖廣条政，仕至南京工部尚書。劾瑾，罷，卒。亨器識英邁，好學多聞，耿介正直之操出於天性。平居接物有禮，而嫉惡太甚，以是被誣遭抑，迄老不為屈，有古大臣風。」

〔二〕孔顏：孔子與顏回。

〔三〕皋夔：皋陶與夔，帝舜時期的官員。《史記·五帝本紀》：「三年喪畢，讓丹朱，天下歸舜。而禹、皋陶、契、后稷、伯夷、夔、龍、垂、益、彭祖自堯時而皆舉用，未有分職。……皋陶為大理平，民各伏得其實。」張守節《史記正義》：「皋陶，字庭堅，英六二國是其後也。皋陶作士，正平天下罪惡也。……夔，巨龜反，樂官也。」

〔四〕落落乾坤：明·倪謙《樂清軒詩為沙士清題》：「落落乾坤雙短鬢，悠悠泉石一閒身。」

〔五〕負初心：辜負本心。唐·羅隱《重過隨州故兵部李侍郎恩知因抒長句》：「四海共誰言近事，九原從此負初心。」

春晴散步

【編年】

束景南《王陽明年譜長編》考證此組詩弘治十年（1497）作於浙江餘姚，然此組詩之第一首同時見於《王陽明全集》卷二十、卷二十九，卷二十九題為《春情散步》，卷二十題為《山中漫興》。《山中漫興》置於《嘉靖甲申冬二十一日再登秦望自弘治戊午登後二十七年矣將下適董蘿石與二三子來復坐久之暮歸同宿雲門僧舍》之後，故此詩應定稿於嘉靖四年乙酉（1525），卷二十九題為《春情散步》者為該詩之初稿。此詩初稿、定稿，跨越二十八年，洵為異事。

其一

清晨急雨過〔一〕林扉〔二〕，餘點〔三〕煙梢尚滴〔四〕衣。隔〔五〕水霞明桃亂吐〔六〕，沿溪風暖藥初肥〔七〕。物情到底能容懶〔八〕，世事從前且

任〔九〕非。對眼〔十〕春光惟〔十一〕自領，好誰歌詠月中歸〔十二〕。

【校注】

〔一〕過：《山中漫興》作度。

〔二〕林扉：山林中的房舍。宋・晁補之《北山道中示公為》：「青山上野艇，白水到林扉。」

〔三〕點：《山中漫興》作滴。

〔四〕滴：《山中漫興》作濕。

〔五〕隔：《山中漫興》作雨。

〔六〕亂吐：宋・楊萬里《三花斛・蘭花》：「雪徑偷開淺碧花，冰根亂吐小紅芽。」

〔七〕初肥：宋・林逋《百舌》：「柳條初重草初肥，煙濕園林晚未稀。」

〔八〕容懶：宋・楊萬里《清曉出城別王宣子舍人》：「涉世寧容嬾，侵星幸稍涼。」

〔九〕且任：《山中漫興》作頓覺。

〔十〕對眼：《山中漫興》作自擬。

〔十一〕惟：《山中漫興》作自還。

〔十二〕月中歸：唐・李白《醉題王漢陽廳》：「時尋漢陽令，取醉月中歸。」

其二

祗〔一〕用舞霓裳，巖花自舉觴。古崖松半朽，陽谷草長芳。徑竹穿風磴，雲蘿〔二〕繡石床。孤吟動梁甫，何處臥龍岡〔三〕？

【校注】

〔一〕祗，四庫本作底。

〔二〕雲蘿：藤蘿。唐・李白《過四皓墓》：「園綺復安在？雲蘿尚宛然。」

〔三〕此二句用諸葛亮典故。《三國志・諸葛亮傳》：「亮躬畊隴畝，好為梁父吟。身長八尺，每自比於管仲、樂毅，時人莫之許也。惟博陵崔州平、潁川徐庶元直與亮友善，謂為信然。」

次魏五松荷亭晚興

【編年】

此組詩弘治十年（1497）作於浙江餘姚。

其一

入座松陰盡日清，當軒野鶴復時鳴。風光於我能留意，世味酣人未

解醒〔一〕。長擬心神窺物外，休將姓字重鄉評〔二〕。飛騰豈必皆伊呂〔三〕，歸去〔四〕山田亦可耕。

【校注】

〔一〕解醒：解除醉酒的狀態，使頭腦清醒。唐・白居易《之宴戲贈夢得》：「乘興還同訪戴客，解醒仍對姓劉人。」

〔二〕鄉評：鄉里公眾的評論。古代選拔人才的重要依據。宋・宋祁《懷故里偶成》：「何日謁歸聊望里，況無車騎得鄉評。」

〔三〕伊呂：伊尹、呂望，伊尹輔佐商湯滅夏，呂望輔佐武王興周，比喻國之重臣。漢・揚雄《揚州牧箴》：「湯武聖而師伊呂，桀紂悖而誅逢干。」

〔四〕歸去：辭官歸隱。晉・陶潛《歸去來兮辭》：「歸去來兮，田園將蕪，胡不歸？」元・許有壬《次館陶寄韓伯高僉政》：「白頭心折軟紅塵，歸去山田恰自耘。」

其二

醉後飛觴亂擲梭，起從風竹舞婆娑。疏慵已分投箕潁〔一〕，事業無勞問保阿〔二〕。碧水層城來鶴駕〔三〕，紫雲雙闕笑金娥〔四〕。搏風〔五〕自有天池翼〔六〕，莫倚蓬蒿斥鷃〔七〕窠。

【校注】

〔一〕箕潁：箕山和潁水。相傳堯時，許由曾隱居箕山之下，潁水之陽。後因以「箕潁」指隱居者或隱居之地。張守節《史記正義》徵引皇甫謐《高士傳》云：「許由，字武仲。堯聞致天下而讓焉，乃退而遁於中嶽潁水之陽，箕山之下隱。堯又召為九州長，由不欲聞之，洗耳於潁水濱。時有巢父牽犢欲飲之，見由洗耳，問其故，對曰：『堯欲召我為九州長，惡聞其聲，是故洗耳。』巢父曰：『子若處高岸深谷，人道不通，誰能見子？子故浮遊，欲聞求其名譽。汙吾犢口。』牽犢上流飲之。許由歿，葬此山，亦名許由山。」唐・杜甫《貽阮隱居昉》：「足明箕潁客，榮貴如糞土。」

〔二〕保阿：伊尹，名阿衡，商朝初年曾任師保之官，後因以保阿指伊尹，引申為國家輔弼重臣。《史記・殷本紀》：「伊尹名阿衡。」司馬貞《史記索隱》：「然解者以阿衡為官名。按：阿，倚也。衡，平也。言依倚而取平。《書》曰『惟嗣王弗惠於阿衡』，亦曰保衡，皆伊尹之官號，非名也。」

〔三〕鶴駕：仙人的車架。《列仙傳・王子喬傳》：「王子喬者，周靈王太子晉也。好

吹笙，作《鳳凰鳴》。遊伊洛之間，道士浮丘公接以上嵩高山。三十餘年後，求之於山上，見栢良曰：『告我家，七月七日待我於緱氏山巔。』至時，果乘白鶴駐山頭。望之不得見，舉手謝時人，數日而去。」唐·白居易《龍門送別皇甫澤州赴任韋山人南遊》：「隼旗歸洛知何日，鶴駕還嵩莫過春。」

〔四〕金娥：嫦娥。唐·李白《明堂賦》：「玉女攀星於網戶，金娥納月於璇題。」

〔五〕摶風：《莊子·逍遙遊》：「摶扶搖而上者九萬里。」扶搖，旋風。後因稱乘風捷上為「摶風」。唐·杜甫《見王監兵馬使說近山有白黑二鷹羅者久取竟未能得王以為毛骨有異它鷹恐臘後春生騫飛避暖勁翮思之甚眇不可見請余賦詩詩二首》其二：「正翮摶風超紫塞，立冬幾夜宿陽臺。」

〔六〕天池翼：鯤鵬。唐·羊士諤《題東山石壁》：「誰為天池翼，相期澤畔吟。」

〔七〕斥鷃：鷃雀。《莊子·逍遙遊》：「斥鷃笑之曰：『彼且奚適也？我騰躍而上，不過數仞而下，翱翔蓬蒿之間，此亦飛之至也，而彼且奚適也？」

次張體仁聯句韻

【編年】

此詩弘治十六年（1503）作於浙江杭州。此詩寫作時間待考，暫編年於本年。張體仁，生平待考。

其一

眼底湖山〔一〕自一方，晚林雲石坐高涼。閒心最覺身多繫，遊興還堪鬢未蒼。樹杪風泉長滴翠〔二〕，霜前巖菊尚餘芳。秋江畫舫休輕發，忍負良宵燈燭光。

【校注】

〔一〕眼底湖山：宋·陳造《春晚郊外》：「底湖山聊著句，那憂樂事與心違。」宋·何夢桂《上留尚書》：「歸來眼底湖山在，去後心期浙水知。」

〔二〕滴翠：翠綠欲滴。宋·蘇軾《自昌化雙溪館下步尋谿源至治平寺二首》其一：「亂山滴翠衣裘重，雙澗響空窗戶搖。」宋·陸游《燈下讀玄真子漁歌因懷山陰故隱追擬》其二：「晴山滴翠水挼藍，聚散漁舟兩復三。」

其二

山寺幽尋亦惜忙，長松落落水浪浪。深冬平野風煙淡，斜日滄江〔一〕鷗鷺翔。海內交遊〔二〕惟酒伴，年來蹤跡半僧房。相過未盡青雲話，無

奈官程促去航。

【校注】

〔一〕斜日滄江：宋・吳文英《瑞鶴仙》其二：「晴絲牽緒亂，對滄江斜日，花飛人遠，垂楊暗吳苑。」元・鄭元祐《送蕭萬戶西歸》：「醉裏相逢歌按劍，滄江斜日水悠悠。」

〔二〕海內交遊：宋・蘇轍《次韻頓起考試徐沂舉人見寄二首》其二：「老年從事忝南京，海內交遊尚記名。」宋・劉克莊《懷曾景建二首》其一：「傷心海內交遊盡，篋有遺書不忍看。」

其三

青林人靜一燈歸，回首諸天隔翠微。千里月明〔一〕京信遠，百年行樂〔二〕故人稀。已知造物終難定，惟有煙霞或可依。總為迂疏〔三〕多牴牾，此生何忍便脂韋〔四〕？

【校注】

〔一〕千里月明：唐・皮日休《望虞亭》：「千里月明回首望，飛煙沖起海虞濱。」宋・楊萬里《寄陸務觀》：「花落六回疏信息，月明千里兩相思。」

〔二〕百年行樂：宋・楊萬里《初夏即事》：「百年人世行樂耳，一歲春歸奈老何。」

〔三〕迂疏：迂腐疏闊。唐・李商隱《獻河東公啟二首》：「叨塵記室，鹽車欸段，徒逢伯樂而鳴；土鼓迂疏，恐致文侯之臥。」宋・蘇軾《有言郡東北荊山下可以溝畎積水因與吳正字王戶曹同往相視以地多亂石不果還遊聖女山山有石室如墓而無棺椁或云宋司馬桓魋墓二子有詩次其韻二首》其一：「已坐迂疏來此地，分將勞苦送生涯。」

〔四〕脂韋：本義為油脂和軟皮，引申為油滑阿諛。《楚辭・卜居》：「寧廉潔正直以自清乎？將突梯滑稽如脂如韋以絜楹乎？」宋・陸游《出遊》：「骯髒人雖棄，脂韋我自羞。」

題郭詡濂溪圖〔一〕

郭生作濂溪像，其類與否，吾何從辨之？使無手中一圈，蓋不知其為誰矣。然筆畫老健超然，自不妨為名筆。

郭生揮寫最超羣，夢想形容恐未真。霽月光風千古在，當時黃九解傳神〔二〕。

【編年】

此詩弘治十六年（1503）作於浙江杭州。此詩寫作時間待考，暫編年於本年。郭翊，生平待考。

【校注】

〔一〕濂溪圖：周敦頤畫像。

〔二〕霽月光風：宋‧黃庭堅《濂溪詩並序》：「舂陵周茂叔，人品甚高，胸中灑落，如光風霽月。」

西湖醉中謾書

湖光瀲灩晴偏好〔一〕，此語相傳信不誣。景中況有佳賓主，世上更無真畫圖〔二〕。溪風欲雨吟隄樹，春水新添沒渚蒲。南北雙峰引高興，醉攜青竹不須扶〔三〕。

【編年】

此詩弘治十六年（1503）春作於浙江杭州。

【校注】

〔一〕湖光瀲灩晴偏好：宋‧蘇軾《飲湖上初晴後雨二首》其二：「水光瀲灩晴方好，山色空濛雨亦奇。欲把西湖比西子，淡粧濃抹總相宜。」

〔二〕真畫圖：山水美如圖畫。宋‧白玉蟾《覺非居士東庵甚奇觀玉蟾曾遊其間醉吟一篇舊風以紀之》：「一甌之閩古無諸，山奇水秀真畫圖。」宋‧米友仁《阮郎歸》：「小舟載酒向平湖，新涼生曉初。亂山煙外有還無，王維真畫圖。」

〔三〕不須扶：宋‧蘇轍《次韻答人檻竹》：「猗猗元自直，落落不須扶。」宋‧陸游《夜從父老飲酒村店作》：「夜中醉歸騎草驢，兒昂不須宗武扶。」

文衡堂試事畢書壁

棘闈秋鎖動經旬〔一〕，事了驚看白髮新。造作曾無醯蟻句，支離莫作畫蛇人〔二〕。寸絲擬得長才補，五色兼愁過眼頻。袖手虛堂聽明發，此中豪傑定誰真。

【編年】

此詩弘治十七年（1504）八月作於山東濟南。

【校注】

〔一〕棘闈秋鎖動經旬：《明史‧選舉志》：「鄉試以八月，會試以二月，皆初九日為第一場，又三日為第二場，又三日為第三場。」可知，明代鄉試前後九日，故曰經旬。

〔二〕畫蛇人：用畫蛇添足典故。《戰國策‧齊策二》：「楚有祠者，賜其舍人卮酒。舍人相謂曰：『數人飲之不足，一人飲之有餘，請畫地為蛇，先成者飲酒。』一人蛇先成，引酒且飲之，乃左手持卮，右手畫蛇曰：『吾能為之足。』未成，一人之蛇成，奪其卮曰：『蛇固無足，子安能為之足？』遂飲其酒。為蛇足者，終亡其酒。」

白髮謾書一絕諸君以予白髮之句試觀予鬢果見一絲予作詩實未嘗知也漫書一絕識之

忽然相見尚非時〔一〕，豈亦殷勤效一絲？總使皓然吾不恨〔二〕，此心還有爾能知。

【編年】

此詩弘治十七年（1504）八月作於山東濟南。

【校注】

〔一〕忽然相見尚非時：陽明此句喻指年齡剛過三十，不是應該出現白頭髮的時間。

〔二〕吾不恨：宋‧李若水《奉使太原途中呈王坦翁副使》其一：「就使牧羊吾不恨，漢旄零落落花春。」宋‧蘇軾《六月二十日夜渡海》：「九死南荒吾不恨，茲遊奇絕冠平生。」

遊泰山

飛湍下雲窟〔一〕，千尺瀉高寒。昨向山中見，真如畫裏看〔二〕。松風吹短鬢〔三〕，霜氣肅群巒〔四〕。好記相從地，秋深十八盤〔五〕。

【編年】

此詩弘治十七年（1504）作於山東泰安。

【校注】

〔一〕雲窟：巖洞。宋‧楊萬里《遊莆澗呈周帥蔡漕張舶》：「穹巖千仞敲欲裂，仰

看飛泉瀉雲窟。」

〔二〕畫裏看：如看畫圖一般。宋‧朱熹《過蓋竹作二首》詩其二：「何時買得魚船
就，乞與人間畫裏看。」

〔三〕松風句：唐‧李白《瀑布》：「攝衣凌青霄，松風吹我足。」唐‧王維《酬張
少府》：「松風吹解帶，山月照彈琴。」

〔四〕群巒：群山。宋‧文同《彥思示望南山詩因答》：「群巒突天起，氣勢頗豪
王。」

〔五〕十八盤：在泰山石壁峪中，十八盤盡頭即為南天門。清‧孔貞瑄《泰山紀勝‧
十八盤》：「過大龍峪，分路西北。兩山壁立，中通一線。仰窺天門如鏡，險
峭不可登。聯鎖為欄，緣雲傍霧，躋天門返顧，凜然動登高臨深之悔。雖自
謂賁育，亦復氣奪。」

雪巖〔一〕次蘇潁濱韻〔二〕

客途亦幽尋，窈窕〔三〕穿谷底。塵土填胸臆，到此方一洗。仰視劍
戟鋒，巉屼〔四〕頗有泚。俯窺蛟龍窟，匍伏首如稽。絕境固靈秘，茲遊
實天啟。梵宇遍巖壑，簷牙相角觝。山僧出延客，經營設酒醴。道引入
雲霧，峻陟歷堂陛。石田惟種椒，晚炊仍有米。張燈坐小軒，矮榻便倦
體。清遊感疇昔，陳李兩昆弟。侵晨訪舊跡，古碣埋荒薺。

【編年】

此詩弘治十七年（1503）九月作於山東曲阜。

【校注】

〔一〕雪巖：應為靈巖，即靈巖寺。《山東通志》卷二十一：「長清縣靈巖寺，在縣
東九十里方山上。元魏時為竺僧朗公說法之所；正光中僧法定修建；唐開元
十三年重修，梁昇卿譔碑；宋景德中賜今額。內有甘露、雙鶴等六泉，佛日
巖、鐵袈裟、辟支塔、十里松諸蹟，歷代題詠甚多。」

〔二〕蘇潁濱韻：即宋‧蘇轍《靈巖寺》：「青山何重重，行盡土囊底。巖高日氣薄，
秀色如新洗。入門塵慮息，盥漱得清泚。高堂見真人，不覺首自稽。祖師古
禪伯，荊棘昔親啟。人跡尚蕭條，豺狼夜相觝。白鶴導清泉，甘芳勝醇醴。
聲鳴青龍口，光照白石陛。尚可滿畦塍，豈惟濯蔬米？居僧三百人，飲食安
四體。一念但清涼，四方盡兄弟。何言庇華屋，食苦當如薺。」

〔三〕窈窕：幽深之貌。晉‧陶潛《歸去來兮辭》：「或命巾車，或棹孤舟。既窈窕

以尋壑，亦崎嶇而經丘。」

〔四〕巉岏：劉向《九嘆》：「登巉岏以長企兮，望南郢而窺之。」王逸《楚辭章句》：
「巉岏，銳山也。」

試諸生有作

醉後相看眼倍明〔一〕，絕憐詩骨逼人清〔二〕。菁莪〔三〕見辱真慚我，膠漆〔四〕常存底用盟。滄海浮雲悲絕域，碧山秋月動新情。憂時漫作中宵坐，共聽蕭蕭落木聲〔五〕。

【編年】

此詩正德三年（1508）七月作於貴州龍場。

【校注】

〔一〕眼倍明：宋·王之道《用李夢發韻》：「欲行且住心還適，久雨新晴眼倍明。」
宋·陸游《即席》：「解鞅名園眼倍明，殷勤翠袖勸飛觥。」

〔二〕絕憐詩骨逼人清：金·元好問《王黃華墨竹》：「雪溪仙人詩骨清，畫筆尚餘詩典刑。」

〔三〕菁莪：《詩經·小雅·菁菁者莪序》：「菁菁者莪，樂育材也，君子能長育人材，則天下喜樂之矣。」

〔四〕膠漆：膠與漆，具有很強黏合力的兩種東西，引申為親密無間的友誼。漢·鄒陽《獄中上書》：「感於心，合於意，堅如膠漆，昆弟不能離，豈惑於眾口哉！」宋·周紫芝《次韻艾主管約同居酬唱》：「不妨論好同膠漆，已復書盟在肺肝。」

〔五〕共聽蕭蕭落木聲：唐·杜甫《登高》：「無邊落木蕭蕭下，不盡長江滾滾來。」

再試諸生

草堂深酌坐寒更，蠟炬煙消落絳英。旅況最憐文作會，客心聊喜困還亨〔一〕。春回馬帳慚桃李，花滿田家憶紫荊。世事浮雲〔二〕堪一笑，百年持此竟何成？

【編年】

此詩正德四年（1508）二月作於貴州修文。

【校注】

〔一〕困還亨：《周易·困卦》：「困，亨，貞，大人吉，無咎，有言不信。」王弼《周

易注》：「窮必通也，處窮而不能自通者，小人也。」

〔二〕世事浮雲：唐・王維《酌酒與裴迪》：「世事浮雲何足問，不如高臥且加餐。」
唐・高適《宋中十首》其七：「世事浮雲外，閒居大道邊。」

夏日登易氏萬卷樓〔一〕用唐韻〔二〕

高樓六月自生寒〔三〕，杳嶂廻峰擁碧闌。久客已忘非故土，此身兼喜是閒官。幽花傍晚煙初暝，深樹新晴雨未乾。極目海天家萬里，風塵關塞〔四〕欲歸難。

【編年】

此詩正德四年（1508）六月作於貴州貴陽。

【校注】

〔一〕易氏萬卷樓：《嘉靖貴州通志》卷八：「萬卷樓，在治城北，郡人易貴建以藏書。」

〔二〕唐韻：唐人詩韻。此詩疑用唐人岑參《和賈至早朝大明宮》韻，其詩曰：「雞鳴紫陌曙光寒，鶯囀皇州春色闌。金闕曉鐘開萬戶，玉階仙仗擁千官。花迎劍珮星初落，柳拂旌旂露未乾。獨有鳳凰池上客，陽春一曲和皆難。」

〔三〕自生寒：宋・楊萬里《祗召還京題江西道院》：「山水秋來渾是畫，樓臺高處自生寒。」

〔四〕風塵關塞：唐・盧照鄰《西使兼送孟學士南遊》：「骨肉胡秦外，風塵關塞中。」唐・杜甫《宿府》：「風塵荏苒音書絕，關塞蕭條行路難。」

再試諸生用唐韻〔一〕

天涯猶未隔年回，何處嚴光有釣臺？樽酒可憐人獨遠，封書空有雁飛來。漸驚〔二〕雪色頭顱改，莫漫〔三〕風情笑口開。遙想陽明舊詩石，春來應自長莓苔〔四〕。

【編年】

此詩正德四年（1508）二月作於貴州修文。

【校注】

〔一〕唐韻：唐人詩韻。此詩疑用唐人許渾《凌歊臺》韻，其詩曰：「宋祖凌高樂未回，三千歌舞宿層臺。湘潭雲盡暮山出，巴蜀雪消春水來。行殿有基荒薺合，

寢園無主野棠開。百年便作萬年計，邑畔古碑空綠苔。」

〔二〕漸驚：唐・鄭谷《輦下冬暮詠懷》：「失路漸驚前計錯，逢僧更念此生勞。」

〔三〕莫漫：唐・李白《悲歌行》：「還須黑頭取方伯。莫漫白首為儒生。」唐・杜甫《春水生二絕》其一：「鸕鷀鸂鶒莫漫喜，吾與汝曹俱眼明。」

〔四〕莓苔：青苔。唐・楊炯《青苔賦》：「王孫逝兮山之隈，披薜荔兮踐莓苔。」唐・李白《過汪氏別業二首》其二：「更遊龍潭去，枕石拂莓苔。」

次韻陸文順僉憲

春王正月十七日，薄暮甚雨雷電風。捲我茅堂豈足念，傷茲歲事難為功〔一〕。金縢秋日亦已異〔二〕，魯史冬月〔三〕將無同〔四〕。老臣正憂元氣泄，中夜起坐心忡忡。

【編年】

此詩正德四年（1508）正月作於貴州龍場。

【校注】

〔一〕傷茲歲事難為功：《禮記・月令》：「（仲春之月）雷乃發聲，始電，蟄蟲咸動，啟戶始出。」古人認為二月雷乃發生，正月雷電，是反常現象，可能會有災異發生。

〔二〕金縢秋日亦已異：《尚書・周書・金縢》：「秋，大熟，未穫，天大雷電以風，禾盡偃，大木斯拔，邦人大恐。王與大夫盡弁，以啟金縢之書，乃得周公所自以為功代武王之說。二公及王乃問諸史與百執事。對曰：『信。噫！公命我勿敢言。』王執書以泣，曰：『其勿穆卜。昔公勤勞王家，惟予沖人弗及知。今天動威，以彰周公之德，惟朕小子其新逆，我國家禮亦宜之。』王出郊，天乃雨，反風，禾則盡起。二公命邦人，凡大木所偃，盡起而築之。歲則大熟。」

〔三〕魯史冬月將無同：《左傳・隱公九年》：「三月癸酉，大雨震電。庚辰，大雨雪。」杜預注：「三月，今正月。」公羊壽傳曰：「何以書？記異也。何異爾？不時也。」何休注：「震，雷。電者，陽氣也。有聲名曰雷，無聲名曰電。周之三月，夏之正月。雨當冰雪雜下，雷當聞於地中，其維雛，電未可見，而大雨震電，此陽氣大失其節，猶隱公久居位，不反於桓，失其宜也。日者，一日之中也。凡災異一日者日，歷日者月，歷月者時，歷時者加自文為異。發於九年者，陽數可以極，而不還國於桓之所致。」

〔四〕將無同：差不多相同。南朝・宋・劉義慶《世說新語・文學》：「阮宣子有令
　　聞，太尉王夷甫見而問曰：『老莊與聖教同異？』對曰：『將無同？』」

太子橋〔一〕

乍寒乍暖早春天，隨意尋芳到水邊〔二〕。樹裏茅亭藏小景，竹間石
溜引清泉。汀花照日猶含雨，岸柳垂陰漸滿川。欲把橋名尋野老，淒涼
空說建文年〔三〕。

【編年】

　　此詩正德四年（1508）二月作於貴州龍場。

【校注】

〔一〕太子橋：即今貴陽太慈橋。明・徐霞客《徐霞客遊記》：「遂出司南門，度西
　　溪橋西南向行。五里，有溪自西谷來東注入南大溪，有石梁跨其上，曰太子
　　橋。」

〔二〕隨意尋芳到水邊：宋・朱熹《春日》：「勝日尋芳泗水濱，無邊光景一時新。」

〔三〕淒涼空說建文年：當地百姓傳說此橋為明建文皇帝朱允炆所建。

與胡少參小集

細雨初晴蠛蠓〔一〕飛，小亭花竹晚涼微。後期客到停杯久，遠道春
來得信稀。翰墨多憑消旅況，道心無賴入禪機。何時喜遂風泉賞，甘作
山中一白衣〔二〕。

【編年】

　　此詩正德四年（1508）三月作於貴州龍場。

【校注】

〔一〕蠛蠓：即蠛蠓，一種細小的昆蟲，降雨前後，群飛而出。漢・揚雄《甘泉賦》：
　　「顛歷倒景而絕飛梁兮，浮蠛蠓而撇天。」唐・李白《大獵賦》：「蠛蠓過而
　　猶礙，蟭螟飛而不度。」

〔二〕甘作山中一白衣：宋・杜范《和韓戢山見贈絕句》：「高人誤作班行看，只是
　　山中一布衣。」

再用前韻〔一〕賦鸚鵡

低垂猶憶隴西飛，金鎖長羈念力〔二〕微。祗為能言離土遠，可憐折

翼歊羣稀。春林羞比黃鸝巧，晴渚思忘白鳥機。千古正平名正賦〔三〕，風塵誰與惜毛衣？

【編年】

此詩正德四年（1508）三月作於貴州龍場。

【校注】

〔一〕前韻：即陽明《與胡少糸小集》。

〔二〕念力：佛教術語，正念是一種佛教的修行方法，這種修行方法具有消除煩惱、證悟解脫的力量，故稱為念力。唐・釋道世《法苑珠林》卷一百二：「雖於無量恒河沙等劫修行布施，不如一聞菩提之事，心生歡喜，於正法所樂聞樂說，常為諸佛諸天所念，以念力故，世間所有經典書論悉能通達。」

〔三〕千古正平名正：禰衡著有《鸚鵡賦》。李善《文選注》引范曄《後漢書・禰衡傳》曰：「禰衡，字正平，平原般人也。少有才辯而尚氣傲，曹操欲見之，不肯往。操懷忿，而以才名不欲殺之，送劉表。後復侮慢于表，表不能容，以江夏太守黃祖性急，故送衡與之。祖長子射為章陵太守，尤善于衡。射大會賓客，人有獻鸚鵡者，射舉札于衡前，曰：『願先生賦之。』衡攬筆而作，辭采甚麗。後黃祖殺之，時年二十六。」

送客過二橋〔一〕

下馬溪邊偶共行，好山當面正如屏。不緣送客何因到，還喜門人伴獨醒。小洞巧容危膝坐，清泉不厭洗心〔二〕聽。經過轉眼俱陳迹〔三〕，多少高厓漫勒銘。

【編年】

此詩正德四年（1508）三月作於貴州貴陽。

【校注】

〔一〕二橋：在貴陽市西北，出入貴陽之交通要道。

〔二〕洗心：洗滌內心。陽明平生好用洗心二字，如《玩易窩記》：「是故君子洗心而退藏於密，齋戒以神明其德也。」《讀易》：「暝坐玩羲易，洗心見微奧。」《移居勝果寺二首》其一：「病肺正思移枕簟，洗心兼得遠塵埃。」《秋聲》：「心真已空千古，傾耳誰能辨九成？」

〔三〕經過轉眼俱陳迹：宋・王同祖《夜坐》其二：「悲歡轉眼俱陳跡，休對寒燈說

舊年。」宋・張鎡《以道學論鳳口有感詩寫物記事備極詞情不容繼和矣既辱珍示可無奉酬輒抒鄙懷次韻且名以溪婦吟末章反正不忘風人之義也》：「轉眼陳跡俱已休，西風葉飛東水流。」

復用杜韻〔一〕一首

濯纓何處有清流，三月尋幽始得幽。送客正逢催驛騎〔二〕，笑人且復任沙鷗。厓旁石匭門雙啟，洞口蘿垂箔半鈎。淡我平生無一好，獨於泉石尚多求。

【編年】

此詩正德四年（1508）三月作於貴州龍場。

【校注】

〔一〕杜韻：即杜甫《江村》：「清江一曲抱村流，長夏江村事事幽。自去自來堂上燕，相親相近水中鷗。老妻畫紙為棋局，稚子敲針作釣鈎。多病所須唯藥物，微軀此外更何求？」

〔二〕驛騎：驛馬。唐・王勃《春思賦》：「忽有驛騎出幽并，傳道春衣萬里程。」

先日與諸友有郊園之約是日因送客後期小詩寫懷

【編年】

此組詩正德四年（1508）作於貴州貴陽。

其一

郊園隔宿有幽期，送客三橋〔一〕故故遲〔二〕。樽酒定應須我久，諸君且莫向人疑。同遊更憶春前日，歸醉先拚日暮時。卻笑相望纔咫尺，無因走馬送新詩。

【校注】

〔一〕三橋：在貴陽市西北，出入貴陽之交通要道。

〔二〕故故遲：特意延遲。宋・徐鉉《九月三十夜雨寄故人》：「別念紛紛起，寒更故故遲。」宋・陸游《石帆夏日》：「風從蘋末蕭蕭起，月過花陰故故遲。」

其二

自欲探幽肯後期，若為塵事故能遲。緩歸已受山童促，久坐翻令溪鳥疑。竹裏清醅〔一〕應幾酌，水邊相候定多時。臨風無限停雲思〔二〕，

回首空歌伐木詩。

【校注】

〔一〕清醅：味道淡薄的清酒。陽明《木閣道中雪》：「正思講席諸賢在，絳蠟清醅坐夜分。」

〔二〕停雲：晉·陶潛《停雲》詩序曰：「停雲，思親友也。罇酒新湛，園列初榮，願言不從，歎息彌襟。」後人遂將停雲，喻指對親友思念之情。

其三

三橋客散赴前期，縱轡還嫌馬足遲。好鳥花間先報語，浮雲山頂尚堪疑〔一〕。曾傳江閣邀賓句，頗似籬邊送酒時。便與諸公須痛飲，日斜潦倒〔二〕更題詩。

【校注】

〔一〕好鳥花間先報語，浮雲山頂尚堪疑：好鳥、浮雲對仗乃詩中習見句法，如宋·孫應時《趙唐卿邀遊西湖即席賦十二韻》：「浮雲為我開，好鳥為我鳴。」元·于立《次韻鑒中八詠》其七《縹碧樓》：「浮雲多變態，好鳥亦間關。」

〔二〕潦倒：酒醉的狀態。唐·杜甫《九日》：「艱難苦恨繁霜鬢，潦倒新停濁酒杯。」

待諸友不至

花間望眼欲崇朝〔一〕，何事諸君迹尚遙？自處豈宜同俗駕，相期不獨醉春瓢〔二〕。忘形爾我雖多缺，義重師生可待招。自是清遊須秉燭，莫將風雨負良宵。

【編年】

此詩正德四年（1508）作於貴州龍場。

【校注】

〔一〕崇朝：終朝。《詩經·鄘風·蝃蝀》：「朝隮于西，崇朝而雨。」毛傳：「崇，終也。從旦至食時為終朝。」晉·陸雲《愁霖賦》：「晞朱陽於崇朝兮，悲此日之屢晏。」

〔二〕春瓢：盛酒之瓢，此處代指酒。明·唐文鳳《滕王閣》：「懷古登臨興何已，新紅酒熟注春瓢。」

夏日遊陽明小洞天喜諸生偕集偶用唐韻

古洞閒來日日遊，山中宰相〔一〕勝封侯。絕糧每自嗟尼父〔二〕，慍見還時有仲由〔三〕。雲裏高厓微入暑，石間寒溜已含秋。他年故國懷諸友，魂夢還須到水頭。

【編年】

此詩正德四年（1508）四月作於貴州龍場。

【校注】

〔一〕山中宰相：陶弘景隱居於茅山，梁武帝時，屢次徵招，高臥不出，然梁國每遇大事，梁武帝常到茅山咨詢其意見，故時人稱陶弘景為山中宰相。《南史·陶弘景傳》：「國家每有吉凶征討大事，無不前以諮詢，月中常有數信，時人謂為山中宰相。」

〔二〕尼父：孔子。《禮記·檀弓上》：「魯哀公誄孔丘曰：『天不遺耆老，莫相予位焉。嗚呼哀哉，尼父！』」

〔三〕仲由：子路。《史記·仲尼弟子列傳》：「仲由，字子路，卞人也。」

將歸與諸生別於城南蔡氏樓

天際層樓樹杪〔一〕開，夕陽下見鳥飛回〔二〕。城隅碧水光連座，檻外青山翠作堆〔三〕。頗恨眼前離別近，惟餘他日夢魂來。新詩好記同遊處，長掃溪南舊釣臺。

【編年】

此詩正德四年（1508）十二月作於貴州貴陽。

【校注】

〔一〕樹杪：樹梢。唐·王維《送梓州李使君》：「山中一夜雨，樹杪百重泉。」唐·杜甫《陪章留後惠義寺餞嘉州崔都督赴州》：「清聞樹杪磬，遠謁雲端僧。」

〔二〕鳥飛回：唐·杜甫《登高》：「風急天高猿嘯哀，渚清沙白鳥飛回。」

〔三〕翠作堆：宋·蘇軾《九日尋臻闍梨遂泛小舟至勤師院二首》其二：「湖上青山翠作堆，葱葱鬱鬱氣佳哉。」宋·楊萬里《秀野堂》：「無論獨樂兼同樂，琖面春風翠作堆。」

諸門人送至龍里道中二首

【編年】

此組詩正德四年（1508）十二月作於貴州貴陽。龍里，即龍里衛，在貴陽城東。

其一

蹊路高低入亂山，諸賢相送愧間關〔一〕。溪雲壓帽兼愁重，峰雪吹衣著鬢斑。花燭夜堂還共語，桂枝秋殿聽躋攀。相思不用勤書札，別後吾言在訂頑〔二〕。

【校注】

〔一〕間關：道路崎嶇難行。宋‧胡銓《戊午上高宗封事：「向者，陛下間關海道，危如累卵。」

〔二〕訂頑：張載《西銘》。宋‧張載《張子全書》卷十五：「橫渠學堂雙牖，右書訂頑，左書砭愚。伊川曰：『是起爭端。』改之曰東銘、西銘。」宋‧朱熹、呂祖謙編《近思錄》卷二：「明道先生曰：『訂頑之言極醇無雜，秦漢以來學者所未到。』又曰：『訂頑一篇，意極完備，乃仁之體也。學者其體此意，令有諸己，其地位已高。到此地位，自別有見處，不可窮高極遠，恐於道無補也。』又曰：『訂頑立心，便達得天德。』」

其二

雪滿山城入暮天，歸心別意兩茫然。及門真愧從陳〔一〕日，微服還思過宋年〔二〕。樽酒無因同歲晚，緘書有雁寄春前。莫辭秉燭通宵坐〔三〕，明日相思隔隴煙。

【校注】

〔一〕從陳：《論語‧先進》：「子曰：『從我於陳蔡者，皆不及門也。』」朱熹注曰：「孔子嘗厄於陳蔡之間，弟子多從之者，此時皆不在門，故孔子思之，蓋不忘其相從於患難之中也。」

〔二〕微服還思過宋年：《孟子‧萬章上》：「孔子不悅於魯、衛，遭宋桓司馬將要而殺之，微服而過宋。」

〔三〕通宵坐：徹夜長坐。唐‧白居易《仲夏齋居偶題八韻寄微之及崔湖州》：「體適通宵坐，頭慵隔日梳。」宋‧朱熹《山人方丈》：「蒲團竹几通宵坐，掃地焚香白晝眠。」

贈陳宗魯〔一〕

學文須學古，脫俗去陳言〔二〕。譬若千丈木，勿為藤蔓纏。又如崑崙派，一瀉成大川。人言古今異，此語皆虛傳。吾苟得其意，今古何異焉。子才良可進，望汝師聖賢。學文乃餘事〔三〕，聊云子所偏。

【編年】

此詩正德四年（1508）十二月作於貴州貴陽。

【校注】

〔一〕陳宗魯：陳文學。《乾隆貴州通志》卷二十八：「陳文學，字宗魯，貴陽人。究心理學，少事王守仁。正德丙子，鄉舉，知耀州，調簡，不赴。旋里，杜門不預世事，靜對聖賢，或臨古帖，或與客談詩論文，隨意所適，恬如也。自耀歸，日者言歲將不利，乃預作《五栗先生志》，五栗，其號也。後二十餘年，始疾，客問之，對曰：『別矣，善自愛。』客去，危坐而逝。所著有《耀歸存稿》《餘生續稿》《蠨蛣閒錄》。」

〔二〕去陳言：去除陳腐之言。唐·韓愈《答李翊書》：「當其取於心而注於手也，惟陳言之務去，戛戛乎其難哉！」

〔三〕學文乃餘事：宋明理學一般都有重道輕文的傾向，陽明亦有類似觀點，晚年更甚，如《示諸生三首》其二：「只從孝弟為堯舜，莫把辭章學柳韓。」

醉後歌用燕思亭韻〔一〕

萬峰攢簇高連天，貴陽久客經徂年〔二〕。思親漫想斑衣舞，寄友空歌伐木篇。短鬢蕭疏〔三〕夜中老，急管哀絃〔四〕為誰好？斂翼樊籠恨已遲，奮翮〔五〕雲霄苦不早。緬懷冥寂巖中人，蘿衣茝佩芙蓉巾。黃精紫芝滿山谷，採拾不愁倉困貧。清溪常伴明月夜，小洞自報梅花春。高閒豈說商山皓，綽約真如藐姑神〔六〕。封書遠寄貴陽客，胡不來歸浪相憶。記取青松澗底枝，莫學楊花滿阡陌。

【編年】

此詩正德四年（1508）十二月作於貴州貴陽。

【校注】

〔一〕燕思亭韻：即明·李蓘編《宋藝圃集》卷十三所載宋·馬存《燕思亭》：「李白騎鯨飛上天，江南風月閒多年。縱有高亭與美酒，何人一斗詩百篇。主人

定是金龜老，未到亭中名已好。紫蟹肥時晚稻香，黃雞啄處秋風早。我憶金鑾殿上人，醉著宮錦烏角巾。巨靈摩山洪河竭，長鯨吸海萬壑貧。如傾元氣入胸腹，須臾百媚生陽春。讀書不必破萬卷，筆下自有鬼與神。我曹本是狂啖客，寄語溪山莫相憶。他年須使襄陽兒，再唱銅鞮滿街陌。」

〔二〕徂年：流年。《後漢書·傅毅傳》：「於戲君子，無恒自逸。徂年如流，鮮茲暇日。」

〔三〕短鬢蕭疏：宋·張栻《跋王介甫遊鍾山圖》：「林影溪光靜自如，蕭疏短鬢獨騎驢。」

〔四〕急管哀絃：宋·劉敞《劉永年部署清燕堂》：「椎牛釃酒捐長日，急管哀弦舞豔妹。」宋·辛棄疾《滿庭芳》其一《和洪丞相景伯韻呈景盧舍人》：「急管哀弦，長歌慢舞，連娟十樣宮眉。」

〔五〕奮翮：展翅高飛。宋·林希逸《新劍浦鄭主簿》：「某官學紹諸老，才壓羣英，身為鸞棘之棲，方將奮翮，念及漁樵之叟。」

〔六〕綽約真如藐姑神：《莊子·逍遙遊》：「藐姑射之山有神人居焉，肌膚若冰雪，綽約若處子。」

題施總兵〔一〕所翁龍〔二〕

君不見，所翁所畫龍，雖畫兩目不點瞳。曾聞弟子誤落筆，即時雷雨飛騰空。運精入神奪元化，淺夫未識徒驚詫。操蛇移山律回陽，世間不獨所翁畫。高堂四壁生風雲，黑雷紫電白晝昏。山崩谷陷屋瓦震，雨聲如瀉長平軍。頭角崢嶸幾千丈，倏忽神靈露乾象〔三〕。小臣正抱烏號〔四〕思，一墮胡髯不可上。視久眩定凝心神，生綃漠漠開嶙峋。乃知所翁遺筆跡，當年為寫蒼龍真。只今旱劇枯原野，萬國蒼生望霈灑。憑誰拈筆點雙睛，一作甘霖遍天下。

【編年】

此詩正德三年（1508）七月作於貴州貴陽。

【校注】

〔一〕施總兵：施瓚。《乾隆貴州通志》卷十九：「施瓚，通州人。正德初，以世伯總兵貴州，軍政修舉，苗蠻畏服。雅好文學，命工繪《七十二侯圖》，王守仁為之序。」

〔二〕所翁龍：宋代陳容所畫之龍。《御定佩文齋書畫譜》卷五十一徵引《閩畫記》

曰：「陳容，字公儲，自號所翁，長樂人。端平二年進士，歷郡文學，倅臨江，入為國子監主簿，出守莆田。詩文豪壯，善畫龍，得變化之意。潑墨成雲，噀水成霧，醉餘大叫，脫巾濡墨，信手塗抹，然後以筆成之。或全體，或一臂一首，隱約不可名狀。曾不經意而得，皆入神妙。時為松竹，學柳誠懸鐵鈎鎖之法。寶祐間，名重一時，垂老筆力簡易精妙，絳色者可並董羽。」

〔三〕乾象：天象。《後漢書・郭太傳》：「或勸林宗仕進者，對曰：『吾夜觀乾象，晝察人事，天之所廢，不可支也。』」北周・庾信《三月三日華林園馬射賦》：「通乾象之靈，啟神明之德。」

〔四〕烏號：優異的弓箭。《淮南子・原道訓》：「射者扞烏號之弓，彎棋衛之箭。」高誘注：「烏號，桑柘，其材堅勁，烏崎其上，及其將飛，枝必橈下，勁能覆巢，烏隨之，烏不敢飛，號呼其上。伐其枝以為弓，因曰烏號之弓也。一說黃帝鑄鼎於荊山鼎湖，得道而仙，乘龍而上，其臣援弓射龍，欲下黃帝，不能也。烏，於也；號，呼也。於是抱弓而號。因名其弓為烏號之弓也。」

佚　詩

詠金山

　　金山〔一〕一點大如拳，打破維揚〔二〕水底天。醉倚妙高臺〔三〕上月，玉簫吹徹洞〔四〕龍眠。

【編年】

　　此詩成化十八年（1482）作於江蘇鎮江。

　　錢德洪《陽明先生年譜》曰：「十有八年壬寅，先生十一歲。寓京師。龍山公迎養竹軒翁，因携先生如京師，先生年纔十一。翁過金山寺，與客酒酣，擬賦詩，未成。先生從傍賦曰：『金山一點大如拳，打破維揚水底天。醉倚妙高臺上月，玉簫吹徹洞龍眠。』客大驚異，復命賦蔽月山房詩。先生隨口應曰：『山近月遠覺月小，便道此山大於月。若人有眼大如天，還見山小月更闊。』」

【校注】

〔一〕金山：明·李賢等《明一統志》卷十一：「金山，在（鎮江）府城西北七里江中。宋·周必大《筆錄》：此山大江環繞，每大風四起，勢若浮動，名浮玉山。唐有裴頭陀於此開山得金，賜名金山。山有裴公洞、龍王池、妙空巖、善財石。山後有孤峰，鶻棲其上，曰鶻山。宋高宗：崒然天立鎮中流，雄跨東南二百州。狂虜每登須破膽，無勞平地戰豺狼。金·党懷英：金山勝槩冠吳楚，萬礎盤峙江中流。」

〔二〕維揚：揚州的別稱。宋·費袞《梁谿漫志》卷九：「古今稱揚州為惟揚，蓋掇取『淮海惟揚州』之語。」

〔三〕妙高臺：《大清一統志》卷六十二：「妙高臺，在金山上，宋僧了元建，一名曬經臺。」宋・蘇軾《金山妙高臺》：「不如金山去，清風半帆耳。中有妙高臺，雲峰自孤起。」

〔四〕洞：金山龍洞。宋・釋贊寧《宋高僧傳》卷十《唐揚州華林寺靈坦傳》：「釋靈坦，姓武氏，太原文水人也。……又止潤州江中金山，今澤心也。其山北面有一龍穴，常吐毒氣如雲，有近者多病或斃。坦居之，毒雲滅迹。」束景南《王陽明年譜長編》引行海《金山志略》卷一：「龍洞，在朝陽之左，深不可測，俗呼珠洞。唐時常有毒龍吐氣，近者多病，因靈坦禪師降之即去。」〔註1〕

【集評】

〔日〕岡田武彥《王陽明大傳》：「（此詩）大意是：『微醉之際，披著月光倚在妙高臺上遠眺伸入到江水中的金山，這時的金山看起來僅有拳頭般大小。遠處傳來清澈的簫聲，山洞裏的龍也許已經睡了吧！』最後一句『玉簫吹徹洞龍眠』描述了一種仙境般的清幽境地。」〔註2〕

杜維明《青年王陽明》：「毫無疑問，這首詩有幾個短語有很深的仿效痕跡，守仁可能把他們牢記在心裡，好在這樣的場合下一顯身手，但結果仍然是詩歌意境的巧妙構思。」〔註3〕

【著錄】

明・蔣一葵撰《堯山堂外紀》卷九十著錄此詩。

棋落水詩

象棋終日樂悠悠，苦被嚴親〔一〕一旦丟。兵卒〔二〕墮河皆不救，將軍溺水一齊休。馬行千里隨波去，象入三川逐浪遊。砲響一聲天地震，忽然驚起臥龍愁。

【編年】

此詩成化十八年（1482）作於京師。

此為陽明佚詩，束景南《陽明佚文輯考編年》據褚人穫《堅瓠集》甲集錄入，並編年於成化十六年（1480）。束景南《王陽明年譜長編》又將此詩編

〔註1〕束景南《王陽明年譜長編》，第39頁。
〔註2〕〔日〕岡田武彥《王陽明大傳》，重慶出版社，2015年版，第57頁。
〔註3〕杜維明《青年王陽明（1472～1509）：行動中的儒家思想》，生活・讀書・新知三聯書店，2017年版，第30頁。

年於成化十八年（1482），曰：「（成化十八年，王陽明）居京師長安街，眼界大開，自是性格放逸，曠達不檢，喜好任俠，騎馬射箭，六博鬥雞，常出入佛、道、相、卜之處。」並引褚人穫《堅瓠集》甲集卷一所載王陽明《棋落水》：「一人談王陽明幼時好棋，海日規之不止，遂將棋拋於水，陽明因作詩云。」〔註4〕今據《王陽明年譜長編》，編年於成化十八年（1482）。

【校注】

〔一〕嚴親：父親。宋・王安石《得子固書因寄》：「嚴親抱憂衰，生理賴以給。」
　　　此處指王華。

〔二〕兵卒：象棋棋子之名，詩中將軍、象、馬、砲亦是棋子之名。

蔽月山房〔一〕

　　山近月遠覺月小，便道此山大於月。若人有眼大如天，還見山小月更濶〔二〕。

【編年】

　　此詩成化十八年（1482）作於江蘇鎮江。

【校注】

〔一〕蔽月山房：束景南以為是「水月山房」之誤。因為「金山有水月山房，而無蔽月山房。」又據《金山志》卷四載，「水月山房，額在客堂後院地上。」可知水月山房為金山寺客堂。但是金山寺是遠近聞名的名剎，香火繁盛，香客極多，想必客堂也不止水月山房一處，寺中或有蔽月山房，方志失載，也是常有之事。並且「蔽月」一詞，常常見於古典詩文之中，如曹植《洛神賦》：「髣髴兮若輕雲之蔽月，飄颻兮若流風之廻雪。」褚遂良《安德山池宴集》：「行雲泛層阜，蔽月下清渠。」郭震《雲》：「聚散虛空去復還，野人閒處倚筇看。不知身是無根物，蔽月遮星作萬端。」「蔽月」一詞，也與佛教有關，黃震《黃氏日抄》卷三十四曰：「便欲立地成佛，正如將小樹來噴一口水，便欲他立地干雲蔽月，豈有此理？」因此，金山寺以「蔽月」為客房之名，亦是於古有徵。

〔二〕王陽明此詩意境乃從李賀《夢天》、蘇軾《題西林壁》模擬而來。李賀《夢天》云：「老兔寒蟾泣天色，雲樓半開壁斜白。玉輪軋露濕團光，鸞珮相逢桂

香陌。黃塵清水三山下，更變千年如走馬。遙望齊州九點煙，一泓海水杯中瀉。」蘇軾《題西林壁》云：「橫看成嶺側成峰，遠近高低無一同。不識廬山真面目，只緣身在此山中。」

【集評】

〔日〕岡田武彥《王陽明大傳》：「（此）詩的幻想更為奇妙，似乎預示著王陽明終將成為一位大哲人。在這首詩中，山和月因為觀賞者心境的不同而呈現出大小之別，詩歌的境界也超越了世俗，達到悟道之人的水平，充滿禪詩的意趣。以上的解釋都是後人所為，當時十一歲的王陽明未必有如此深刻的認識，但我們可可以據此推斷出王陽明在少年時就具備了洞察萬物的慧根。山和月的對照，大和小的對比，少年時代的王陽明似乎已參透了《莊子·齊物論》中的理論。」〔註5〕

杜維明《青年王陽明》：「這首詩近來在中國還有學童在背誦。它反映了作者良好的透視感和用平凡語言表達不平凡觀點的技巧。如果前一首詩（《詠金山》）還有所造作，後一首則完全是自然天成。它以簡潔流暢的言辭透露出了一種藝術觀念，它的完美似乎全是唾手得來的。」〔註6〕

【著錄】

明·蔣一葵撰《堯山堂外紀》卷九十著錄此詩。

萬松窩

隱居何所有？云是萬松窩〔一〕。一徑清影合，三冬翠色多〔二〕。喜無車馬跡，射兔麋鹿過〔三〕。千古陶弘景〔四〕，高風滿浙阿。

【編年】

此詩弘治二年（1489）作於浙江東陽。

此為陽明佚詩，束景南《陽明佚文輯考編年》據《道光東陽縣志》錄入，並編年於弘治二年（1489），曰：「詩云『三冬翠色多』，作在冬間，按陽明生平冬間經東陽，唯在弘治二年，錢德洪《陽明先生年譜》：『弘治二年十二月，夫人諸氏歸餘姚。是年先生始慕聖學。先生以諸夫人歸，舟至廣信，謁婁一齋諒，語宋儒格物之學……』陽明經由南昌歸經東陽在十二月，時陽明方耽

〔註5〕〔日〕岡田武彥《王陽明大傳》，第57頁。
〔註6〕杜維明《青年王陽明（1472～1509）：行動中的儒家思想》，第30頁。

－526－

神仙之學，故必往萬松窩訪陶弘景遺居也。」〔註7〕

【校注】

〔一〕萬松窩：在今浙江東陽市，陶弘景曾在此隱居。

〔二〕此聯「一、三」數字對偶，詩中習見。如宋・楊萬里《崇德道中望福嚴寺》：
「一徑青松露，三門白水煙。」宋・蘇徹《移竹》：「三年生筍遍，一徑引風
長。」

〔三〕此聯借鑒南朝・宋・鮑照《代邊居行》：「不睹車馬迹，但見麋鹿場。」

〔四〕陶弘景：陶弘景（452～536），南朝秣陵人，字通明。好神仙之術，齊高帝時，
為諸王侍讀。梁時隱於句曲山，自號華陽隱居；武帝時，禮聘不出，然朝廷
大事，無不諮詢，時稱為「山中宰相」。卒贈大中大夫，謚貞白先生。

毒熱有懷用少陵執熱懷李尚書韻〔一〕寄年兄程守夫〔二〕吟伯

曉來梅雨望沾凌，坐久紅爐天地蒸。幽朔多寒還酷熱，清虛〔三〕無
語漫飛升。此時頭羨千莖雪〔四〕，何處身倚百丈冰〔五〕？且欲冷然從禦
寇〔六〕，海桴吾道未須乘〔七〕。

【編年】

此詩弘治八年（1495）作於京師。

此為陽明佚詩，束景南《陽明佚文輯考編年》據《光緒淳安縣志》錄入，
並編年於弘治八年（1495），曰：「此詩云『幽朔多寒還酷熱』，顯指其在京師
求學太學時，蓋為陽明與程文楷在北雍唱酬詩之一也。大致陽明在弘治六年
會試下第，遂入北雍，與程文楷密邇相處，至弘治九年北雍卒業，會試又下
第，乃歸餘姚；而程文楷亦在弘治十年春卒於京師。故可知此詩約作於弘治
七年六月中。」〔註8〕

【校注】

〔一〕少陵執熱懷李尚書韻：即唐・杜甫《多病執熱奉懷李尚書》：「衰年正苦病侵
凌，首夏何須氣鬱蒸。大水森茫炎海接，奇峰硉兀火雲升。思霑道竭黃梅雨，
敢望宮恩玉井冰。不是尚書期不顧，山陰夜雪興難乘。」

〔二〕程守夫：陽明早年好友程文楷。王陽明《程守夫墓碑》：「吾友程守夫，以弘

〔註7〕束景南《陽明佚文輯考編年》，上海古籍出版社，2012年版，第16頁。
〔註8〕束景南《陽明佚文輯考編年》，上海古籍出版社，2012年版，第16頁。

治丁巳之春卒於京，去今嘉靖甲申，二十有八年矣！嗚呼！朋友之墓有宿草則勿哭，而吾於君，尚不能無潸然也。君之父味道公與家君為同年進士，相知甚厚，故吾與君有通家之誼。弘治壬子，又同舉於鄉，已而又同卒業於北雍，密邇居者四年有餘。凡風雪之晨，花月之夕，山水郊園之遊，無不與共。蓋為時甚久而為迹甚密也，而未嘗見君有憤詞忤色，情日益篤，禮日以恭。其在家庭，雍雍于于，內外無間。交海內之士，無貴賤少長，咸敬而愛之。雖粗鄙暴悍，遇君未有不薰然而心醉者。當是時，予方馳騖於舉業詞章，以相矜高為事，雖知愛重君，而尚未知其天資之難得也。其後君既歿，予亦入仕，往往以粗浮之氣得罪於人。稍知創艾，始思君為不可及。尋謫貴陽，獨居幽寂窮苦之鄉，困心衡慮，乃從事於性情之學。方自苦其勝心之難克，而客氣之易動；又見夫世之學者，率多媢嫉險隘，不能去其有我之私，以共明天下之學，成天下之務，皆起於勝心客氣之為患也。於是愈益思君之美質，蓋天然近道者，惜乎當時莫有以聖賢之學啟之！有啟之者，其油然順道，將如決水之赴壑矣。嗚呼！惜哉！乃今稍見端緒，有足以啟君者，而君已不可作也已。君之子國子生炷致君臨歿之言，欲予與林君利瞻為之表誌。林君既為之表，而君之葬已久，誌已無所及，則為書其墓之碑，聊以識吾之哀思。夫君者，不徒嬉遊征逐之好而已。君諱文楷，世居嚴之淳安，其詳已具於墓表。」

〔三〕清虛：天空。晉・葛洪《抱朴子・勗學》：「令抱翼之鳳，奮翩於清虛；項領之駿，騁跡於千里。」

〔四〕千莖雪：原指白髮。唐・杜甫《鄭駙馬池臺喜遇鄭廣文同飲》：「回白髮千莖雪，丹心一寸灰。」此處指頭髮被雪染白。

〔五〕百丈冰：唐・岑參《白雲歌送武判官歸》：「瀚海闌干百丈冰，愁雲慘淡萬里凝。」

〔六〕禦寇：列子。《莊子・逍遙遊》：「夫列子御風而行，泠然善也。旬有五日而後反，彼於致福者未數數然也。此雖免乎行，猶有所待者也。」郭象注：「泠然，輕妙之貌。列子，鄭人，名禦寇。」

〔七〕《論語・公冶長》：「子曰：道不行，乘桴浮于海。」

蘭亭次秦行人〔一〕韻

十里紅塵踏淺沙，蘭亭何處是吾家？茂林有竹〔二〕啼殘鳥，曲水無觴〔三〕見落花。野老逢人談往事，山僧留客薦新茶。臨風無限斯文

感〔四〕，回首天章〔五〕隔紫霞。

【編年】

此詩弘治十年（1497）作於浙江餘姚。此詩是陽明佚詩，束景南據張元忭《蘭亭遺墨》錄入《王陽明佚文輯考編年》，並將其編年於弘治十年（1497）三月。

【校注】

〔一〕行人：官名。掌管朝覲聘問的官。明代設行人司，復有行人之官，掌傳旨，冊封、撫諭等事。《明史》卷七十四《職官志》：「行人司。司正一人，正七品。左、右司副各一人，從七品。行人三十七人，正八品。職專捧節奉使之事。凡頒行詔敕，冊封宗室，撫諭諸蕃，徵召賢才，與夫賞賜、慰問、賑濟、軍旅、祭祀，咸敘差焉。每歲朝審，則行人特節傳旨法司，遣戍囚徒，送五府填精微冊，批繳內府。初，洪武十三年置行人司，設行人，秩正九品，左、右行人從九品。尋改行人為司正，左、右行人為左、右司副，更設行人三百四十五人。二十七年，陞品秩，以所任行人多孝廉人材，奉使率不稱旨。定設行人司官四十員，咸以進士為之。非奉旨不得擅遣，行人之職始重。建文中，罷行人司，而以行人隸鴻臚寺。成祖復舊制。」束景南《王陽明年譜長編》：「詩所云『秦行人』，指南京行人秦文。」並引鄭度《河南左參政秦先生文墓誌》曰：「先生諱文，字從簡，號蘭軒，後號雲峰。其先閩人也，自閩徙台之黃巖，再徙臨海……弘治壬子，以《毛詩》中浙江鄉試第一，士論服之。明年癸丑，登進士第。觀政二年，授南京行人司行人。三年，轉司副，四方從遊之士，戶外屢恒滿……正德中，服闋，始選刑部廣西司郎中。時逆瑾之亂……先生以身殉法，不少貸……瑾竟不能害。未幾，遷，貴州提學副使……改陝西……在陝二年，遷河南布政司左參政……武宗巡遊，調度日急，慨然告病以歸……於是先生年五十有六矣……後先歷官三十年……嘉靖己丑卒，年六十有七。」〔註9〕

〔二〕茂林有竹：晉·王羲之《蘭亭集序》：「此地有崇山峻嶺，茂林修竹。」

〔三〕曲水無觴：晉·王羲之《蘭亭集序》：「又有清流激湍，映帶左右，引以為流觴曲水。」

〔四〕斯文感：晉·王羲之《蘭亭集序》：「後之覽者，亦將有感於斯文。」

〔註9〕束景南《王陽明年譜長編》，第127頁。

〔五〕天章：天文，指天空中的日月星辰等。宋·蘇軾《潮州韓文公廟碑》：「公昔騎龍白雲鄉，手抉雲漢分天章。」

登秦望山〔一〕用壁間韻

秦望獨出萬山雄，縈紆鳥道盤蒼空。龍泉百道瀉碧玉，翠壁千仞削古銅。久雨忽晴真可喜，山靈於我豈無以？初疑步入畫圖中，豈知身在清宵裏。蓬島〔二〕茫茫幾萬重，此地猶傳望祖龍〔三〕。仙舟一去竟不返，斷碑千古原無蹤。北望稽山懷禹跡〔四〕，卻嘆秦皇為慚色。落日淒風結晚愁，歸雲半掩春湖碧。便欲峰頭拂石眠，弔古傷今益惘然。未暇長卿哀二世〔五〕，且續蘇君觀海篇〔六〕。長嘯歸來景漸促，山鳥山花〔七〕吟不足〔八〕。夜深風雨過溪來，小榻寒燈臥僧屋。

【編年】

此詩弘治十一年（1498）作於浙江紹興。此詩是陽明佚詩，束景南據張元忭《雲門志略》錄入《王陽明佚文輯考編年》，並將其編年於弘治十一年（1498）二月。

束景南《王陽明年譜長編》：「張元忭《雲門志略》於陽明此詩前錄有宋·陸游《醉書秦望山石壁》……陽明詩即用陸游此韻。」按：陸游《醉書秦望山石壁》：「秋雨初霽開長空，夜天無雲吐白虹。擘波浴海出日月，破山卷地驅雷風。崑崙黃流瀉浩浩，太華巨掌摩穹穹。平生所懷正如此，拜賜虛皇稱放翁。放翁七十飲千鍾，耳目未廢頭未童。向來楚漢何足道，真覺萬古無英雄。行窮禹迹亦安往，聊借曠快洗我胸。濤瀾屢犯蛟鰐怒，澗谷或與精靈逢。黃金鑄就決河塞，俘獻頡利長安宮。不如醉筆掃青嶂，入石一寸豪健驚天公。」束景南此論有誤。其一，兩詩句數不同，陽明詩二十四句，陸游詩二十句。其二，陽明詩四句一換韻，陸游詩則一韻到底，未嘗換韻。故陽明此詩所用之韻，絕非陸游《醉書秦望山石壁》之韻。

【校注】

〔一〕秦望山：宋·施宿等《會稽志》卷九：「秦望山，在縣東南四十里。舊經云：『泉嶺最高者。』《輿地廣記》云：『秦望，在州城南，為眾峰之傑。秦始皇登之以望東海。宋何胤居會稽秦望山，山有飛泉，西起學舍，即林成垣，因巖為堵，別為小閣，室寢處其中。又於山側營田二頃，講隙，從生徒遊之。』《太平御覽》云：『山在州城正南，涉境便見。秦始皇帝登山以望南海。自平

地取山頂七里，懸磴孤危，峭路險絕，攀蘿捫葛，然後得至。山上無甚高木，當由地迥多風所致。山南有譙峴，中有大城，王無餘之舊都也。句踐語范蠡曰先君無餘國，在南山之陽，社稷宗廟在湖之南。山有三巨石，屹立如筍。龍池冬夏不竭，俗號聖水，傍有崇福侯廟。』」

〔二〕蓬島：蓬萊仙島，古代傳說中的神山。唐・李白《古風》：「但求蓬島藥，豈思農扈春。」

〔三〕祖龍：秦始皇。《史記・秦始皇本紀》：「（三十六年）秋，使者從關東夜過華陰平舒道，有人持璧遮使者曰：『為吾遺滈池君。』因言曰：『今年祖龍死。』」裴駰《史記集解》引蘇林曰：「祖，始也；龍，人君象。謂始皇也。」

〔四〕禹跡：指在紹興的禹廟、禹陵。宋・施宿等《會稽志》卷六：「禹廟，在縣東南一十二里。《越絕書》云：『少康立祠於禹陵所。梁時修廟，唯欠一梁，俄風雨大至，湖中得一木，取以為梁，即梅梁也。夜或大雷雨，梁輒失去。比復歸，水草被其上。人以為神，縻以大鐵繩，然猶時一失之。政和四年，勅即廟為道士觀，賜額曰告成。禹陵舊在廟旁，今不知所在，獨有當時窆石尚存，高丈許，狀如稱權。」

〔五〕長卿哀二世：司馬相如字長卿，撰有《弔秦二世賦》。

〔六〕蘇君觀海篇：蘇軾《過萊州雪後望三山》，又名《觀海》。

〔七〕山鳥山花：唐・杜甫《嶽麓山道林二寺行》：「一重一掩吾肺腑，山鳥山花吾友于。」

〔八〕吟不足：唐・杜荀鶴《浙中逢詩友》：「苦吟吟不足，爭忍話離群？」

【著錄】

明・張元忭撰《萬曆會稽縣志》卷二地書二、明・張元忭撰《萬曆紹興府志》卷四三川志一著錄此詩。

登峨嵋〔一〕歸經雲門〔二〕

一年忙裏過，幾度夢中遊。自覺非元亮〔三〕，何曾得惠休〔四〕。亂藤溪屋邃，細草石池幽。回首俱陳跡，無勞說故丘。

【編年】

此詩弘治十一年（1498）作於浙江紹興。此詩是陽明佚詩，束景南據張元忭《雲門志略》錄入《王陽明佚文輯考編年》，並將其編年於弘治十一年（1498）春。

【校注】

〔一〕峨眉：會稽峨眉山。《萬曆紹興府志》卷四：「峨眉山，在火珠山下百餘步，石隱起土中，壯如峨眉，有峨眉庵。」

〔二〕雲門：會稽雲門山。明・李賢等《明一統志》卷二十四：「雲門山，在府城南五里，其上號大雲頂，中有通穴如門，可容百餘人，遠望如懸鏡，旁有黑龍洞及石井。唐北海守趙居貞登此山，投龍賦詩云：『晚登雲門山，直上一千尺。絕頂彌孤聳，盤途幾傾側。前對劈裂峰，下臨削成壁。陽巘靈芝秀，陰崖仙乳滴。』宋知青州富弼等由此題名刻於石壁。」

〔三〕元亮：陶潛字元亮。《宋書・陶潛傳》：「陶潛，字淵明。或云淵明，字元亮。尋陽柴桑人也。」

〔四〕惠休：南朝宋詩僧，俗姓湯。《宋書・江湛傳》：「時有沙門釋惠休，善屬文，辭采綺豔。（江）湛之與之甚厚，世祖命使還俗，本姓湯，位至揚州從事史。」

留題金粟山〔一〕

金粟峰頭縱遠觀，山雲不動萬松寒。飛崖瀉碧雨初歇，古澗流紅春欲闌。佛地移來龍窟〔二〕小，僧房高借鶴巢〔三〕寬。飄然誤卻離塵想，一笑天風振羽翰〔四〕。

【編年】

此詩弘治十一年（1498）作於浙江海鹽。此詩是陽明佚詩，束景南據《嘉靖嘉興府圖記》卷六錄入《王陽明佚文輯考編年》，並將其編年於弘治十一年（1498）三月。

【校注】

〔一〕金粟山：《嘉靖嘉興府圖記》卷六：「金粟山，周六里，亦曰六里山，上有秦王劍池。」

〔二〕龍窟：龍宮。唐・王勃《益州德陽縣善寂寺碑》：「龍窟肅穆，禪眾優遊。」

〔三〕鶴巢：鶴窟。唐・錢起《奉使採箭簳竹谷中晨興赴嶺》：「雲木聳鶴巢，風蘿掃虎穴。」

〔四〕羽翰：翅膀。梁・何遜《贈韋記室黯別》：「無因生羽翰，千里暫排空。」

【著錄】

明・趙文華撰《（嘉靖）嘉興府圖記》卷六、清・嵇曾筠撰《雍正浙江通

志》卷十一著錄此詩。

墮馬行

　　我昔北關初使歸〔一〕，匹馬遠隨邊檄飛〔二〕。涉危趨險日百里，了無塵土沾人衣。長安城中乃安宅〔三〕，西街〔四〕卻倒東山屐〔五〕。疲駑歷塊誤一蹶，啼鳥笑人行不得。伏枕兼旬不下庭，扶攜稚子或能行。勘譜尋方於油皮，閒窗〔六〕藥果羅瓶罌〔七〕。可憐不才與多福，步屜已覺今令輕。西涯先生〔八〕真繆愛，感此慰問勤拳〔九〕情。入門下馬坐則坐，往往東來須一過。詞林意氣薄雲漢，高義誰云在曹佐？少頃夷險已秦越，幸而今非井中墮。細和〔十〕丁丁伐木篇〔十一〕，一杯已屬清平賀。拂拭床頭古太阿〔十二〕，七星寶□金盤蛇。血誠許國久無恙，定知神物相撝訶。黃金臺〔十三〕前秋草深，不須感激荊卿歌。嘗聞所□在文字，我今健如筆揮戈。獨慚著作非門戶，明時尚阻康莊步。卻尚驊留索惆悵，俛首風塵誰復顧？昆侖瑤池事茫惚，善御未應逢造父〔十四〕。物理從來天如此，濫名且任東曹薄。世事紛紛一羿狗〔十五〕，為樂及時君莫誤。憶昨城東兩月前，健馬疾驅君亦仆〔十六〕。黃門宅裡赴拯時，殿屎共惜無能助。轉首黃門〔十七〕大顛蹶，倉遑萬里滇南路。幻泡區區何足驚，安得從之黃叔度〔十八〕。佩擷馨香六尺軀，婉娩去隔坐來暮。

　　余墜馬幾一月，荷菊先生〔十九〕下問，因道馬訟故事，遇出倡和，奉觀間，錄此篇求教萬一，走筆以補，甚幸。時在玉河東第。八月一日書，陽明山人。

【編年】

　　此詩弘治十二年（1499）作於京師。此詩是陽明佚詩，錢明據蓬累軒編《姚江雜纂》錄入《王陽明全集（新編本）》卷四十二。束景南亦據之錄入《王陽明佚文輯考編年》，並將其編年於弘治十二年（1499）。束景南曰：「此詩有王陽明手跡長卷，日本陽明學會會員加藤八重磨於大正年間來紹興購得此卷，編入《姚江雜纂》。卷後附有清鄭濂跋：『明季諸人，無一不摹右軍，皆為蹊徑所拘。獨陽明山人之書，脫盡窠臼，天真瀟灑，掉臂獨行，無意求合而無不宛合。此有明第一妙腕，一代偉人。余垂髫時，見魏氏漪園所藏墨跡行書長卷，愛不忍釋，以為觀止矣。今於海上忽睹此卷，驚歡欲絕。其筆法有龍飛虎臥之勢，以此為得意之書，借觀竟日。卷有諸名宗考藏印章，是真跡無疑

矣。爰志數言於後，以記眼福云爾。』」〔註10〕

【校注】

〔一〕我昔北關初使歸：據束景南考證，該句「顯是指王陽明弘治十二年中進士初仕觀政工部時。」〔註11〕

〔二〕匹馬遠隨邊檄飛：束景南據王陽明《陳言邊務疏》考證「王陽明確在五六月奉檄出使關外，查視邊戍軍屯。」〔註12〕

〔三〕安宅：安全之所。《詩經·小雅·鴻雁》：「雖則劬勞，其究安宅。」鄭玄箋：「此勸萬民之辭，女今雖病勞，終有安居。」唐·杜甫《發同谷縣》：「況我飢愚人，焉能尚安宅。」

〔四〕西街：束景南《陽明佚文輯考編年》作「西涯」，誤。

〔五〕東山屐：《晉書·謝安傳》：「既破堅，有驛書至。安方對客圍棋，看書既竟，便攝放牀上，了無喜色，棋如故。客問之，徐答云：『小兒輩遂已破賊。』既罷，還內，過戶限。心喜甚，不覺屐齒之折。其矯情鎮物如此。」

〔六〕閒窗：束景南作「同窗」，錢明作「間窗」，皆誤。閒窗乃詩中習見之語，如唐·王維《晚春閨思》：「向晚多愁思，閒窗桃李時。」唐·元稹《六年春遣懷》：「今日閒窗拂塵土，殘絃猶迸細箜篌。」

〔七〕瓶罌：大腹小口的陶製容器。宋·蘇軾《濬井》：「瓶罌下兩綆，蛙蚓飛百尺。」

〔八〕西涯先生：李東陽。

〔九〕勤拳：懇切真誠。唐·白居易《送毛仙翁》：「玄功曷可報？感極惟勤拳。」

〔十〕細和：陽明此詩乃和李東陽詩。李東陽《墜馬後束蕭文明給事長句並呈同遊諸君子》：「我在黃門夜燕歸，徑驅健馬疾若飛。馬蹄翻空身墮地，豈獨塵土沾人衣。徒行卻叩黃門宅，主翁醉睡驚倒屣。東軒大床許借我，筋骨屈強眠不得。二郎擁臂下中庭，左曳右挈蹣跚行。西鄰乞藥走僮僕，東家貰酒來瓶罌。大郎慰問不停口，以手熨抑重復輕。黃門對床臥答語，獨夜沉沉何限情。黃門朝回我起坐，南屏潘郎跨驢過。西臺驄馬隨東曹，復有同官兩寮佐。周郎哭子涕未乾，聞疾赴予如拯墮。群嗟眾唁增我憂，獨喜南屏向予賀。憶當墮馬城東阿，前有深渠後坡陀。置身隙地不盈丈，或有神鬼相掜訶。茲行未必不為福，對酒盡醉且復歌。詩成臂病不能寫，黃門健筆如操戈。庭空客散

〔註10〕束景南《陽明佚文輯考編年》，第56頁。
〔註11〕束景南《陽明佚文輯考編年》，第56頁。
〔註12〕束景南《陽明佚文輯考編年》，第57頁。

日在戶，夜踏肩輿代徐步。道逢東曹送我歸，舉袂郤之猶返顧。入門強作歡笑聲，實恐衰顏驚老父。閉門穩臥病經月，幸是閒官寡書簿。高吟朗諷猶舌存，欹坐看書書屢誤。故人入坐時起迎，拄杖徐行轉愁僕。黃門父子時過問，愛我情多豈予助。平生骨肉欣戚同，世上悠悠幾行路。宦途夷險似有數，墮馬為君今兩度。作詩病起謝黃門，各保千金向遲暮。」李東陽《文敬墜馬用予韻見遺再和一首》：「我馬西行東客歸，歸心落日爭紛飛。長安城中一掌地，顛倒鞭鞚隨裳衣。君時別向中書宅，兩日吾門斷雙屐。寧知此厄忽相遭，怪事驚從武昌得。東曹舊僦尚書庭，當堦跛曳止復行。曲身正自憑几杖，伸臂強可持杯罌。拳如崔家獨足鷺，風雨不動垂絲輕。誰其賞此句獨苦，吾荷武昌無限情。面當軒前花下坐，病足蹣跚為花過。詩才與病應力爭，酒興鄉心復相佐。歸來病劇吟愈工，作勢猶疑馬前墮。故將奇事發高懷，眾口慰君君自賀。憶當散髮林中阿，掃石自坐青盤陀。肩行板輿步笻竹，左塵右籆隨麾訶。風檣浪檝見亦慣，倉卒不廢歠與歌。誰令冠履執羈策，頓覺平地生鋋戈。安樂窩中長閉戶，萬事茫然人推步。如何物理異人情，墮甑有時猶卻顧。」李東陽《文敬攜疊韻詩見過且督再和去後急就一首》：「苦欲留君君又歸，翻然上馬力欲飛。與君未罄連夕話，復遣僮僕牽君衣。問君墜臥城東宅，病足幾時能著履。倉皇不肯戒前車，道上泥深行豈得。君時坐笑當空庭，笑予亦怯泥塗行。有如醉者醉初醒，戒客不遣操罇罌。當時我悔不子戒，我足子肩誰重輕。世閒豈獨我與子，慎勿局促傷高情。黃門筵中客滿座，回首光陰如鳥過。宦途顛躓亦有之，不見黃門已州佐。人言官重不如身，我身幸全何害墮。自斷吉凶皆付天，不須重問梁邱賀。聞君此語唯復阿，如病得醫逢扁陀。亦知身世等夢幻，實恐名教遭譏訶。孫臏刖足尚酣戰，刜輿折齒還高歌。何如樂正一傷足，憂心抱痛如創戈。君方大笑復出戶，五十漫勞嗤百步。試教鮑老復當場，豈免狐疑更狼顧。昔聞達奚走奔馬，曾說此兒還此父。吾曹豈是馳驅才，自合儒官守文簿。前言戲君君不知，極辨為予無乃誤。今宵且作風月談，莫更塵途論興仆。君歸我坐時獨吟，頗覺詩成少神助。知君此興正不淺，卻似輕車隨熟路。歌長韻險亦有數，我已三賡君兩度。急須走筆償我逋，莫道詩來天已暮。」李東陽《得文敬雙塔寺和章詔之不至四疊韻奉答》：「問君朝回胡不歸，西馳急腳走若飛。云承部檄籍戎伍，歲給纘帛頒冬衣。浮圖東望瑜伽宅，尺地西垣懶迴屐。祇應官事了癡兒，怪底可人招不得。想當岸幘坐公庭，東曹號令方風行。直窮妙思入權度，豈有暇日消盤罌。棲遲

鞅掌自有地，向來笑口未可輕。閒官飽食太倉粟，使我刺促難為情。埋頭日向書堆坐，歲月都將病中過。久知筋力負馳驅，我已愧子郎官佐。今年墮馬復病目，目病雖輕不如墮。並拋筆硯委塵埃，且免墓誄兼廈賀。兩旬面壁西簷阿，禪心不動如祇陀。門前索文如索債，遜謝不敢加嗔訶。官稽私負兩不辦，為君重和墮馬歌。興來作字大如掌，眼暗僅辨點與戈。塵多路長不出戶，繭足還思墮時步。淖險真停疋馬迎，情深屢枉高軒過。臥無小吏驚報衙，行愛嬌兒解隨父。擬借東曹度支手，記取玉堂風月簿。從知身病是閒時，病裏不閒誠大誤。嗟予病起身亦健，又被君詩壓將仆。我兼二病君但一，寧不少留為我助。知君尚有逸駕才，我馬虺隤當避路。七擒八克古有數，白戰共君今幾度。我歌又竟君不來，欲效魯陽揮日暮。」李東陽《若虛詩來欲平馬訟五疊韻答若虛並柬文敬佩之》：「馮郎墮馬長安歸，身病在床思奮飛。我時病墮忽兩月，幾度為渠驚倒衣。邵郎近墮橋頭宅，右足獨拳愁蹣跬。三人墮馬渠最傷，畢竟墮同誰失得。西涯書屋東曹庭，詩筒絡繹東西行。本緣詩墮不為酒，玉山自倒非金罍。馮郎談虎色獨變，開口不問重與輕。吾宗白洲不墮馬，亦作墮語真多情。喧爭浪謔兩當坐，頗覺風流非罪過。向來曲直未分明，旁引諸家為證佐。訟當坐人不坐馬，勝負在詩寧在墮。馮郎欲作旁觀人，負汝何悲勝何賀。白洲老吏直不阿，手持三尺無坡陀。欲令虞芮成禮讓，不遣秦越相譏訶。不然健訟化勍敵，祇恐吳儂圍楚歌。南山一判不可改，昨夜東壇聞止戈。詩家紛紛各門戶，爾我不須分跬步。世門夷險自有途，駑駬驊駘竟誰顧。古來相馬獨孫陽，有子分明不如父。白洲乃欲賣我馬，卻付東隣酒家簿。人雖千慮有一失，我馬雖駑亦應誤。君看三馬二馬良，馮馬取良先我仆。白洲有馬誇健彊，縱免墮傷為盜助。詩成我亦判渠歸，良馬勿與駑爭路。佳辰美景亦有數，莫遣閒情嬲襟度。急呼邵李招馮郎，下馬共醉西涯暮。」

〔十一〕丁丁伐木篇：《詩經‧小雅‧伐木》：「伐木丁丁，鳥鳴嚶嚶。出自幽谷，遷于喬木。嚶其鳴矣，求其友聲。相彼鳥矣，猶求友聲。」

〔十二〕古太阿：古代寶劍，相傳為春秋時歐冶子、干將鑄造。戰國‧李斯〈上書秦始皇〉：「垂明月之珠，服太阿之劍。」李善注：「《越絕書》曰：『楚王召歐冶子、干將作鐵劍二枚，二曰太阿。』」

〔十三〕黃金臺：唐‧李白《古風》：「燕昭延郭隗，遂築黃金臺。」王琦注：「《史記》：燕昭王即位，卑身厚幣以招賢者，謂郭隗曰：『齊因孤之國亂而襲破燕，孤極知燕小，力少不足以報。誠得賢士以共國，以雪先王之恥，孤之願也。先生

視可者，得身事之。』郭隗曰：『王必欲致士，先從隗始，況賢於隗者？豈遠千里哉？』於是昭王為隗改築宮而師事之。樂毅自魏往，鄒衍自齊往，劇辛自趙往，士爭趨燕。李善《文選注》：『《上谷郡圖經》曰：黃金臺，在易水東南十八里。燕昭王置千金于臺上，以延天下之士。』」

〔十四〕造父：周穆王時善御者，趙姓之祖。《史記·秦本紀》：「造父以善御幸於周繆王，得驥溫驪、驊駵、騄耳之駟，西巡狩樂而忘歸。徐偃王作亂，造父為繆王御，長驅歸周，一日千里以救亂。繆王以趙城封造父，造父族由此為趙氏。」

〔十五〕芻狗：古代祭祀時用草紮成的狗。《老子》：「天地不仁，以萬物為芻狗；聖人不仁，以百姓為芻狗。」魏源《老子本義》：「結芻為狗，用之祭祀，既畢事則棄而踐之。」

〔十六〕君亦仆：指李東陽墜馬之事。

〔十七〕黃門：蕭顯。李東陽《明故福建按察司僉事致仕進階朝列大夫蕭公墓誌銘》：「公諱顯，字文明，號履庵，更號海釣。以山海衛學生舉天順己卯京闈第二。成化壬辰，乃得進士第。甲午，擢兵科給事中。有武臣中官怙勢求賞者，公批奏尾駁其功，坐是賈怨弗恤也。涿州有巫矯邪神，自東方來京城，男女爭負土為築祠宇，公抗章劾之，並禁私刱庵觀等數事，言極剴切，留不報。外間傳言，禍且不測。忽召至左順門，令中官諭遣之，人始知其事。後數日，詢之，則巫已逐矣。然權幸人嫉之不置。辛丑，遷鎮寧州同知。時方作草書，手閱朝報，付其子趣治裝，仍終數紙乃罷。鎮寧非人所居，其俗每獻饋流官，納則喜，拒則疑。公孫謝理論，皆敬服無敢怨者。越八年，為弘治戊申，稍遷同知衢州府。勾稽戎藉，所得隱丁甚眾。越三年辛亥，擢福建按察司僉事，承勅領屯田事。勸督交至，民相率輸納，歲無留逋。又一年，以萬壽聖節入賀。刑部尚書白公昂欲有所薦擬，親戚有力者亦樂為之援。公不復顧戀，上疏徑歸。歸數日而命下，乃治別墅與騷人、使客遊衍其間。有乞書千文者，秉燭終卷，遂得目　，而賦詠不輟。乙丑，今天子即阼，以恩進朝列大夫。正德丙寅十一月二十六日乃卒。續未屬，猶憂及時事，且口占對句課其孫，其至死不亂如此。距生宣德辛亥十二月十一日，壽七十六。」

〔十八〕黃叔度：黃憲，東漢著名賢士。《後漢書·黃憲傳》：「黃憲，字叔度，汝南慎陽人也。世貧賤，父為牛醫。潁川荀淑至慎陽，遇憲於逆旅，時年十四，淑竦然異之，揖與語，移日不能去。謂憲曰：『子吾之師表也。』既而前至袁閬所，未及勞問，逆曰：『子國有顏子，寧識之乎？』閬曰：『見吾叔度邪？』

是時同郡戴良才高倨傲，而見憲未嘗不正容，及歸，罔然若有失也。其母問曰：『汝復從牛醫兒來邪？』對曰：『良不見叔度，不自以為不及；既睹其人，則瞻之在前，忽焉在後，固難得而測矣。』同郡陳蕃、周舉常相謂曰：『時月之間不見黃生，則鄙吝之萌復存乎心。』及蕃為三公，臨朝歎曰：『叔度若在，吾不敢先佩印綬矣。』太守王龔在郡，禮進賢達，多所降致，卒不能屈憲。郭林宗少遊汝南，先過袁閎，不宿而退；進往從憲，累日方還。或以問林宗。林宗曰：『奉高之器，譬諸汎濫，雖清而易挹。叔度汪汪若千頃陂，澄之不清，淆之不濁，不可量也。』憲初舉孝廉，又辟公府，友人勸其仕，憲亦不拒之，暫到京師而還，竟無所就。年四十八終，天下號曰『徵君』。」

〔十九〕菊先生：束景南推斷此人應是李士實。束景南曰：「此『菊先生』應是李士實。李士實字若虛，號白洲，時為刑部侍郎，正為王陽明上司，李東陽稱其為『李秋官』，王陽明則稱其為『菊先生』。蓋李東陽墮馬時，亦有馮蘭、邵珪墮馬，三人墮馬同時發生，李士實亦寫來和詩，評論三人墮馬得失，即所謂『馬訟故事』。」

遊大伾山詩

曉披煙霧入青巒，山寺疏鐘萬木寒。千古河流成沃野，幾年沙勢自平端〔一〕。水穿石甲龍鱗動，日繞〔二〕峰頭佛頂寬。宮闕五雲天北極，高秋更上九霄看。

【編年】

此詩弘治十二年（1499）作於河南濬縣。據束景南考證，「（此詩）鐫刻於大伾山石佛右側」。〔註13〕大伾山：《書‧禹貢》導河：「東過洛汭，至於大伾。」漢晉南北朝以今河南滎陽市汜水鎮西北成皋故城所在之山為大伾，見《水經‧河水注》《濟水注》及所引漢晉資料。唐以後以今河南濬縣城東黎陽東山為大伾，見《括地志》等。有宋人所鐫摩崖石刻「大伾偉觀」四字。

【校注】

〔一〕千古河流成沃野，幾年沙勢自平端：千古、幾年，詩中常見對仗，如宋‧李庚《題尤使君郡圃十二詩》其八《君子堂》：「黃堂能幾年，清風靄千古。」宋‧楊萬里《中秋與諸子果飲》：「幾年今夕一番逢，千古何人此興同。」

〔註13〕束景南《陽明佚文輯考編年》，第 66 頁。

〔二〕日繞：唐・杜甫《秋興八首》其五：「雲移雉尾開宮扇，日繞龍鱗識聖顏。」

送李貽教歸省圖詩

　　九秋〔一〕旌斾〔二〕出長安，千里軍容馬上看。到處臨淮驚節制，趨庭〔三〕萊子〔四〕得承歡。瞻雲漸喜家山近，夢闕還依禁漏寒〔五〕。聞說閭門高已久，不妨冠蓋擁歸鞍。

【編年】

　　此詩弘治十三年（1500）作於京師。

【校注】

〔一〕九秋：指九月深秋。唐・杜甫《月》：「斟酌姮娥寡，天寒奈九秋。」唐・陸暢《催妝五首》之一：「聞道禁中時節異，九秋香滿鏡臺前。」

〔二〕旌斾：本義指車馬上的旗幟，此處猶尊駕、大駕。多用於官員。唐賈島《送周判官元範赴越》：「已曾幾遍隨旌斾，去謁荒郊大禹祠。」

〔三〕趨庭：《論語・季氏》：「嘗獨立，鯉趨而過庭。曰：『學詩乎？』對曰：『未也。』『不學詩，無以言。』鯉退而學詩。他日，又獨立，鯉趨而過庭。曰：『學禮乎？』對曰：『未也。』『不學禮，無以立。』鯉退而學禮。」後因以「趨庭」謂子承父教。

〔四〕萊子：即老萊子。春秋時楚隱士，世傳有老萊子戲綵娛親的故事。

〔五〕漏寒：即寒漏，寒天漏壺的滴水聲。唐王維《同崔員外秋宵寓直》：「九門寒漏徹，萬井曙鐘多。」

奉和宗一〔一〕高韻

　　懶愛官閑不計陞，解嘲還計昔人曾。沉迷簿領〔二〕今應免，料理詩篇老更能。未許少陵誇吏隱，真同摩詰作禪僧。龍淵〔三〕且復三冬蟄，鵬翼〔四〕終當萬里騰。

【編年】

　　此詩弘治十三年（1500）作於京師。

【校注】

〔一〕宗一：給諫李宗一，名元，祥符人。〔註14〕

〔註14〕束景南《陽明佚文輯考編年》，第 97 頁。

〔二〕簿領：謂官府記事的簿冊或文書。

〔三〕龍淵：謂深淵。古人以為深淵中藏有蛟龍，故稱。漢·揚雄《甘泉賦》：「漂龍淵而遲九垠兮，窺地底而上回。」唐·劉禹錫《傷我馬詞》：「金臺已平骨空朽，投之龍淵從爾友。」

〔四〕鵬翼：指大鵬的翅膀。典出《莊子·逍遙遊》：「鵬之背，不知其幾千里也，怒而飛，其翼若垂天之雲。」借指仕途顯達者。

登譙樓

千尺層欄倚碧空，下臨溪谷散鴻蒙〔一〕。祖陵王氣蟠龍虎〔二〕，帝闕重城鎖蝀蝀〔三〕。客思江南惟故國，雁飛天北礙長風。沛歌〔四〕卻憶回鑾日，白晝旌旗渡海東。

【編年】

此詩弘治十四年（1501）作於安徽鳳陽。

譙樓，《光緒鳳陽府志》卷四：「中都譙樓，即鼓樓。《新書》云：『在雲濟街之東。洪武五年建中都，八年建是樓。築臺，下開三缺，上有樓九間，層簷三覆，棟宇百尺，巍乎翼然，夐絕塵埃。』」〔註15〕

【校注】

〔一〕鴻蒙：宇宙形成前的混沌狀態。《莊子·在宥》：「雲將東遊，過扶搖之枝，而適遭鴻蒙。」成玄英疏：「鴻蒙，元氣也。」《淮南子·道應訓》：「西窮窅冥之黨，東開鴻濛之先。」

〔二〕龍虎：《太平御覽》卷一五六引晉·張勃《吳錄》：「劉備曾使諸葛亮至京，因睹秣陵山阜，歎曰：『鍾山龍盤，石頭虎踞，此帝王之宅。』」後以「龍虎」借指南京。

〔三〕蝀蝀：虹的別名。《詩經·鄘風·蝀蝀》：「蝀蝀在東，莫之敢指。」毛傳：「蝀蝀，虹也。」宋·梅堯臣《送邵戶曹隨侍之長沙》：「鷦鴝啼欲雨，蝀蝀見還晴。」

〔四〕沛歌：《史記·高祖本紀》：「高祖還歸，過沛，留。置酒沛宮，悉召故人父老子弟縱酒，發沛中兒得百二十人，教之歌。酒酣，高祖擊築，自為歌詩曰：『大風起兮雲飛揚，威加海內兮歸故鄉，安得猛士兮守四方！』」後稱此歌為《大風歌》。

〔註15〕束景南《陽明佚文輯考編年》，第102頁。

清風樓

　　遠看秋鶴下雲皋〔一〕，壓帽青天礙眼高。石底蟠蟆吹錦霧，海門〔二〕孤月送銀濤。酒經〔三〕殘雪渾無力，詩倚新春欲放豪。勅賦登樓聊短述，清風曾不媿吾曹。

【編年】

　　此詩弘治十四年（1501）作於安徽蕪湖。《乾隆太平府志》：「清風樓，明成化間建。御史黃讓居縣北驛磯，星沙劉憲知縣事，建樓於此，以東坡『清風閣』名美之。」〔註16〕

【校注】

　　〔一〕雲皋：猶雲海，雲天。宋・永頤《苧瀆夜泊》：「夜歌新詩喜達旦，起看征雁飛雲皋。」

　　〔二〕海門：內河通海之處。唐・韋應物《賦得暮雨送李冑》：「海門深不見，浦樹遠含滋。」宋・吳琚《酹江月・觀潮應制》：「晚來波靜，海門飛上明月。」

　　〔三〕酒經：瓦製的小頸酒壺。宋・趙令畤《侯鯖錄》卷三：「陶人之為器，有酒經焉。晉安人盛酒以瓦壺，其製，小頸環口，脩腹，受一斗，可以盛酒。」

地藏塔

　　渡海離鄉國〔一〕，辭榮〔二〕就苦空。結第雙樹底，成塔萬花中。

【編年】

　　此詩弘治十四年（1501）作於安徽青陽。

　　地藏塔：《民國九華山志》卷三：「金地藏塔，在化城寺西之神光嶺，即菩薩一期應化安葬全身之肉身塔。」〔註17〕

【校注】

　　〔一〕渡海離鄉國：《民國九華山志》記載：「金地藏者，唐時新羅國王金憲英之近族也，自幼出家，法名喬覺。於二十四歲時，航海東來，卓錫九華。」〔註18〕

　　〔二〕辭榮：逃避富貴榮華的生活。謂辭官退隱。晉・陶潛《感士不遇賦》：「望軒・唐而永歎，甘貧賤以辭榮。」《舊唐書・隱逸傳・王友貞》：「頃加徵命，作護

〔註16〕束景南《陽明佚文輯考編年》，第 106 頁。
〔註17〕束景南《陽明佚文輯考編年》，第 108 頁。
〔註18〕束景南《陽明佚文輯考編年》，第 108 頁。

儲闈，固在辭榮，累陳情懇。」宋・王禹偁《寄金鄉張贊善》：「年少辭榮自古稀，朝衣不著著斑衣。」

和九柏老仙詩

石澗西頭千樹梅，洞門深鎖雪中開〔一〕。尋常不放凡夫到，珍重唯容道士來。風亂細香笛無韻，夜寒清影衣生苔。於今踏破石橋路，一月須過三十迴。

九柏老仙之作，本不可和，詹煉師必欲得之，遂為走筆，以塞其意，且以彰吾之不度也。

弘治辛酉仲冬望日，陽明山人王守仁識。

【編年】

此詩弘治十四年（1501）作於安徽青陽。

《正德嘉興志補》卷九收錄此詩，題作《梅澗》。又有陽明手跡拓本，計文淵藏，《王陽明書法集》著錄。據束景南考證，陽明於弘治十四年遊九華山時，訪佛僧甚多，而訪道士則唯有一蔡蓬頭。〔註19〕

【校注】

〔一〕宋・蔡戡《憶故園梅花》：「遙憶家山千樹梅，幾年心力費栽培。雪中最喜登
　　　　樓望，月下偏宜傍水開。」

雲巖

巖高及雲表，溪環疑磬折。壁立香爐峰〔一〕，正對黃金闕〔二〕。鐘響天門開，笛吹巖石裂。掀髯發長嘯〔三〕，滿空飛玉屑。

【編年】

此詩弘治十五年（1502）作於安徽休寧。

雲巖，即齊雲山，在安徽休寧縣城西三十里，一名白岳山。〔註20〕

【校注】

〔一〕香爐峰：江西省廬山北部名峰。奇峰突起，狀似香爐，峰頂水氣鬱結，雲霧
　　　　瀰漫，如香煙繚繞，故名。唐・李白《望廬山瀑布》之一：「西登香爐峰，南

〔註19〕束景南《陽明佚文輯考編年》，第110頁。
〔註20〕束景南《陽明佚文輯考編年》，第120頁。

見瀑布水。」唐・白居易《登香爐峰頂》：「迢迢香爐峰，心存耳目想。終年牽物役，今日方一往。」

〔二〕黃金闕：比喻月宮。宋・歐陽修《內直對月寄子華舍人持國廷評》：「水精宮鎖黃金闕，故比人間分外寒。」

〔三〕長嘯：撮口發出悠長清越的聲音，古人常以此述志。唐・牛僧孺《玄怪錄・張左》：「向聞長嘯月下，韻甚清激，私心奉慕，願接清論。」宋・蘇軾《和林子中待制》：「早晚淵明賦《歸去》，浩歌長嘯老斜川。」

謫仙樓

攬衣登采石〔一〕，明月滿磯頭。天礙烏紗帽，寒生紫綺裘。江流詞客恨，風景謫仙樓。安得騎黃鶴〔二〕，隨公八極〔三〕遊。

【編年】

此詩弘治十五年（1502）作於安徽塗縣。

《乾隆太平府志》卷十三：「謫仙樓，在采石江口，唐元和間，以太白舊遊建。宋、明遞有修復。」〔註21〕

【校注】

〔一〕采石：采石磯，相傳為李白醉酒捉月溺死之處。《新唐書・李白傳》：「（李白）嘗乘月與崔宗之自采石至金陵，著宮錦袍坐舟中，旁若無人。」

〔二〕安得騎黃鶴：唐崔顥《黃鶴樓》：「昔人已乘白雲去，此地空餘黃鶴樓。黃鶴一去不復返，白雲千載空悠悠。」後以「黃鶴」比喻一去不返的事物。

〔三〕八極：八方極遠之地。《莊子・田子方》：「夫至人者，上闚青天，下潛黃泉，揮斥八極，神氣不變。」《淮南子・原道訓》：「夫道者，覆天載地，廓四方，柝八極，高不可際，深不可測。」高誘注：「八極，八方之極也，言其遠。」

遊茅山二首

【編年】

此組詩弘治十五年（1502）作於江蘇句容。

茅山，在江蘇省句容縣東南。原名句曲山。相傳有漢茅盈與弟衷固採藥

〔註21〕束景南《陽明佚文輯考編年》，第 123 頁。

修道於此，因改名茅山。《南史・陶弘景傳》：「止於句容之句曲山，恒曰……昔漢有三茅君得道來掌此山，故謂之茅山。」

其一

山霧沾衣潤，溪風灑面涼。蘚花〔一〕凝雨碧，松粉〔二〕落春黃。古劍時聞吼，遺丹尚有光。短才慚宋玉，何敢賦高唐〔三〕。

【校注】

〔一〕蘚花：蘚苔叢生於石上形成的斑痕。

〔二〕松粉：松花粉。唐・方干《題懸溜岩隱者居》：「慣緣嶮峭收松粉，常趁芳鮮掇茗芽。」

〔三〕高唐：戰國時楚國臺觀名。傳說楚襄王遊高唐，夢見巫山神女，幸之而去。北周・庾信《望美人山銘》：「高唐礙石，洛浦無舟。何處相望，山邊一樓。」前蜀・韋莊《謁巫山廟》：「亂猿啼處訪高唐，路入煙霞草木香。山色未能忘宋玉，水聲猶似哭襄王。」

其二

靈峭九千丈〔一〕，窮躋亦未難。江山無遯景，天地此奇觀。海月迎峰白，溪風振葉寒。夜深凌絕嶠，翹首望長安。

【校注】

〔一〕靈峭九千丈：陽明《列仙峰》：「靈峭九萬丈，參差生曉寒。仙人招我去，揮手青雲端。」

蓬萊方丈偶書二首

【編年】

此組詩弘治十五年（1502）作於江蘇句容。

其一

興劇夜無寐，中宵問雨晴。水風〔一〕涼壑驟，嚴日映窗明。石竇〔二〕窺澗黑，雲梯上水清。福庭〔三〕真可住，塵土奈浮生。

【校注】

〔一〕水風：唐・李商隱《所居》：「水風醒酒病，霜日曝衣輕。」宋・陸游《夜出偏門還三山》：「水風吹葛衣，草露濕芒履。」

〔二〕石竇：石穴。北魏・酈道元《水經注・灢水》：「驗其山有石竇，下深數丈，洞
　　　穴深遠，莫究其極。」宋・蘇軾《巫山》：「石竇有洪泉，甘滑如流髓。」

〔三〕福庭：常指神佛所居之處。晉・孫綽《遊天台山賦》：「仍羽人於丹丘，尋不
　　　死之福庭。」唐・李華《雲母泉》：「訪道出人世，招賢依福庭。」

　　其二〔一〕

　　仙屋煙飛外，青蘿隔世譁。茶分龍井水，飯帶玉田砂。香細嵐光
雜，窗虛峰影遮。空林無一事，盡日臥丹霞。

【校注】

〔一〕此詩與《化城寺六首》其五略有差異。《化城寺六首》其五詩為：「僧屋煙霏
　　　外，山深絕世譁。茶分龍井冰，飯帶石田砂。香細雲嵐雜，窗高峰影遮。林
　　　棲無一事，終日弄丹霞。」

遊北固山

　　北固山頭偶一行，禪林〔一〕甘露〔二〕幾時名？枕江左右金焦〔三〕寺，
面午中節鐵甕城〔四〕。松竹兩崖青野〔五〕兵，人煙萬井〔六〕暗吟情。江
南景物應難望，入眼風光處處清〔七〕。

【編年】

　　此詩弘治十五年（1502）作於江蘇鎮江。

　　北固山，在江蘇省鎮江市區東北江濱。有南、中、北三峰，三面臨長江，
形勢險固，故稱「北固」。

【校注】

〔一〕禪林：指寺院。僧徒聚居之處。北周・庾信《陝州弘農郡五張寺經藏碑》：
　　　「春園柳路，變入禪林；蠶月桑津，迴成定水。」倪璠注：「言本住宅，改為
　　　佛寺。」唐・陳子昂《暉上人房餞齊少府使入京序》：「入禪林而避暑，肅風
　　　景於中林。」

〔二〕甘露：佛教語。梵語的意譯，喻佛法、涅槃等。《法華經・藥草喻品》：「為大
　　　眾說甘露淨法。」南朝・梁・沈約《和王衛軍解講》：「甘露為誰演，得一標
　　　道心。」南朝・梁・蕭統《東齋聽講》：「既參甘露旨，方欲書縉紳。」

〔三〕金焦：金山與焦山的合稱，兩山都在今江蘇省鎮江市。金山原名浮玉，因裴
　　　頭陀江際獲金，唐貞元間李騎奏改。焦山因漢焦光隱居此山得名。元・薩都

刺《題喜壽里客廳雪山壁圖》：「大江東去流無聲，金焦二山如水晶。」

〔四〕鐵甕城：京口（今江蘇鎮江）北固山前的一座古城，為三國時孫權所築。唐·
杜牧《潤州》詩之二：「城高鐵甕橫強弩，柳暗朱樓多夢雲。」馮集梧注：「原
注：『潤州城，孫權築，號為鐵甕。』《演繁露》：『潤州城古號鐵甕，人但知
其取喻以堅而已，然甕形深狹，取以喻城，似為非類。乾道辛卯，予過潤，
蔡子平置燕於江亭，亭據郡治前山絕頂，而顧子城雉堞緣岡，彎環四合，其
中州郡諸廨在焉，圓深之形，正如卓甕，予始知喻以為甕者，指子城也。』」
元·薩都剌《還京口》：「城高鐵甕江山壯，地接金陵草木潤。」

〔五〕青野：宋·劉克莊《次韻君節秘書三首》其三：「戰士未收青野骨，將軍誰報
白登圍。」

〔六〕萬井：千家萬戶。唐·陳子昂《謝賜冬衣表》：「三軍叶慶，萬井相歡。」宋·
張孝祥《水調歌頭·桂林中秋》：「千里江山如畫，萬井笙歌不夜。」

〔七〕陽明《龍蟠山中用韻》：「無奈青山處處清，村沽日日辦山行。」

贈京口三山僧四首

【編年】

此組詩弘治十五年（1502）八月底作於江蘇鎮江。

金山贈野閑欽上人

江淨如平野，寒波漫綠苔。地窮無客到，天迥有雲來。禪榻朝慵
起，松關〔一〕午始開。月明隨老鶴，散步妙高臺。

【校注】

〔一〕松關：猶柴門。唐·孟郊《退居》：「日暮靜歸時，幽幽扣松關。」

題蒲菊鈺上人房

禪扉雲水上，地迥一塵無。硯有千年菊，盆餘九節蒲。濕煙籠細
雨，晴露滴蒼蕪〔一〕。好汲中泠〔二〕水，飱香嚼翠腴。

【校注】

〔一〕蒼蕪：唐·儲光羲《同諸公登慈恩寺塔》：「蒼蕪宜春苑，片碧昆明池。」

〔二〕中泠：泉名。在今江蘇鎮江市西北金山下的長江中。相傳其水烹茶最佳，有
「天下第一泉」之稱。今江岸沙漲，泉已沒沙中。宋·呂南公《和得茶雜韻》：

「盱水中泠亦試烹，豈須奔走揚州井。」宋・張耒《贈吳孟求承議二首》其一：「山尋北固初知路，水飲中泠未盈缶。」

贈雪航上人

身世真如不繫舟〔一〕，浪花深處伴閑鷗。我來亦有山陰興〔二〕，銀海〔三〕乘槎〔四〕上斗牛〔五〕。

【校注】

〔一〕不繫舟：比喻自由而無所牽掛。典出《莊子・列禦寇》：「巧者勞而知者憂，無能者無所求，飽食而敖遊，汎若不繫之舟，虛而敖遊者也。」唐・李白《寄崔侍御》：「宛溪霜夜聽猿愁，去國長如不繫舟。」唐・白居易《適意》詩之一：「豈無平生志，拘牽不自由。一朝歸渭上，泛如不繫舟。」

〔二〕山陰興：典出南朝・宋・劉義慶《世說新語・任誕》：「王子猷居山陰，夜大雪……忽憶戴安道，時戴在剡，即便夜乘小船就之，經宿方至，造門不前而返。人問其故，王曰：『吾本乘興而行，興盡而返，何必見戴？』」唐・羅隱《寄崔慶孫》：「交情澹薄應長在，俗態流離且勉旃。還擬山陰一乘興，雪寒難得渡江船。」

〔三〕銀海：銀色的海洋。雲、水、冰雪與日、月光華互相輝映產生的景色。宋・陸游《月夕》：「天如玻璃鐘，倒覆濕銀海。」

〔四〕乘槎：乘坐木筏。傳說天河與海通，有人居海渚者，年年八月見有浮槎去來，不失期，遂立飛閣於查上，乘槎浮海而至天河，遇織女、牽牛。此人問此是何處，答曰：「君還至蜀郡訪嚴君平則知之。」後至蜀，君平曰：「某年月日有客星犯牽牛宿。」正是此人到天河時。見晉・張華《博物志》卷十。宋・蘇軾《次韻正輔同遊白水山》：「豈知乘槎天女側，獨倚雲機看織紗。」

〔五〕斗牛：二十八宿中的斗宿和牛宿。北周・庾信《哀江南賦》：「路已分於湘漢，星猶看於斗牛。」唐・賈島《逢博陵故人彭兵曹》：「踏雪攜琴相就宿，夜深開戶斗牛斜。」

贈甘露寺性空上人

片月海門出，渾如白玉舟。滄波千里晚，風露九天秋。寒影隨杯渡〔一〕，清暉共梗流。底須〔二〕分彼岸〔三〕，天地自沉浮〔四〕。

【校注】

〔一〕杯渡：晉宋時僧人，不知姓名。傳說其常乘木杯渡水，故以杯渡為名。事見南朝・梁・慧皎《高僧傳・神異下・杯渡》。後因以稱僧人出行。唐・李白《送通禪師還南陵隱靜寺》：「岩種朗公橘，門深杯渡松。」唐・杜甫《題玄武禪師屋壁》：「錫飛常近鶴，杯渡不驚鷗。」

〔二〕底須：何須，何必。

〔三〕彼岸：佛教語。佛家以有生有死的境界為「此岸」；超脫生死，即涅槃的境界為「彼岸」。《大智度論》十二：「以生死為此岸，涅槃為彼岸。」唐・皎然《早春書懷寄李少府仲宣》：「脫身投彼岸，弔影念生涯。」

〔四〕沉浮：升降起伏。引申為盛衰、消長。《莊子・知北遊》：「天下莫不沉浮，終身不故；陰陽四時運行，各得其序。」《淮南子・原道訓》：「是故聖人將養其神，和弱其氣，平夷其形，而與道沉浮俛仰。」高誘注：「沉浮，猶盛衰。」唐・李遠《閒居》：「塵事久相棄，沉浮皆不知。」

屋舟為京口錢宗玉〔一〕作

小屋新開傍島嶼，沉浮聊與漁舟同。有時沙鷗飛席上，深夜海月來軒中。醉夢春潮石屏冷，櫂歌〔二〕碧水秋江空。人生何地步疏放〔三〕，豈必市隱如壺公〔四〕。

【編年】

此詩弘治十五年（1502）作於江蘇省鎮江。

【校注】

〔一〕錢宗玉：邊貢《華泉集》卷十《寄慶屋舟翁序》：「斯二者能守也，又能通也，天下或寡矣。若京口屋舟翁，斯其人哉，屋舟翁者，姓錢氏，名玉，字宗玉，別號屋舟。今少傳蓬庵楊公戚也。弘治庚申間，公居北都，官奉常，予從遊焉。」

明・費宏《屋舟為潤人錢宗玉作》：「身世悠悠水上萍，高人栖泊傍岩扃。浮生甫里從無宅，擇勝坡翁別有亭。意匠經營殊雀舫，心机忘盡對鷗汀。推篷小酌江天碧，下碇遙連海嶼青。豈必侵星遊別渚，不妨撐月吸波泠。鷁帆隱隱當窗起，魚艇飄飄倚檻停。雨洒春波檣欲沒，潮回秋浦酒初醒。危檣颶浪吾何恐，擊棹成謳客喜听。京洛塵纓思一濯，長風借便可揚舲。」

明・邵寶《屋舟為京口錢宗玉賦》：「風波懶逐世浮沈，小閣凭虛敞素襟。採

藥每牽浮海夢，乘槎聊遣濟川心。水能載覆旁觀久，天與周旋獨坐深。聞道江南船似屋，中泠何地覓帆陰。」

明・邊貢《華泉集》卷六《送錢屋舟醫官歸京口次韻》：「跨鶴來从碧海東，水樓風雨一尊同。誰言彭祖無千歲，自信淮王有八公。醫國久傳三世業，活人時奏十全功。中年頗覺朱顏少，愿把金丹托便鴻。」

明・林俊《屋舟壽邱》：「老至神猶健，心多迹若浮。复真懸故宅，觀化卜遐邱。兆得中軍胜，潛終太史收。碧山還載酒，梧桂自春秋。」

〔二〕櫂歌：船夫搖槳時所唱的歌，亦稱為「棹歌」。漢武帝《秋風辭》：「簫鼓鳴兮發櫂歌，歡樂極兮哀情多。」

〔三〕疏放：放縱，不受拘束。唐・杜甫《狂夫》：「欲填溝壑唯疏放，自笑狂夫老更狂。」仇兆鰲注：「向秀《思舊賦》：『嵇康志遠而疏，呂安心曠而放。』公詩每用疏放，本此。」宋・陸游《讀王摩詰詩賦古風》之九：「往來江湖間，垂老猶疏放。」

〔四〕壺公：傳說中的仙人。北魏・酈道元《水經注・汝水》：「昔費長房為市吏，見王壺公懸壺於市，長房從之，因而自遠，同入此壺，隱淪仙路。」唐・王懸河《三洞珠囊》：「壺公謝元，歷陽人。賣藥於市，不二價，治病皆愈。」《雲笈七籤》卷二八引《雲臺治中錄》：「施存，魯人。夫子弟子，學大丹之道……常懸一壺如五升器大，變化為天地，中有日月，如世間，夜宿其內，自號『壺天』，人謂曰『壺公』。」

仰高亭

樓船一別是何年？斜日孤亭思渺然。秋興〔一〕絕憐紅樹晚，閑心〔二〕併在白鷗前。林僧定久能知客〔三〕，巢鶴年多亦解禪〔四〕。莫向病夫〔五〕詢出處，夢魂長繞碧溪〔六〕煙。

【編年】

此詩弘治十五年（1502）作於江蘇吳江。

《同治蘇州府志》卷二十一：「仰高亭，在公堂右。宋嘉定元年，羅勳建，以奉三高畫像。」

【校注】

〔一〕秋興：指本有某種感慨，於秋日而發。晉・潘岳《〈秋興賦〉序》：「僕野人也，偃息不過茅屋茂林之下，談話不過農夫田父之客，攝官承乏，猥廁朝列，匪

遑底寧，譬猶池魚籠鳥有江湖山藪之思。於是染翰操紙，慨然而賦。於時秋也，以秋興命篇。」

〔二〕閑心：謂約束心思。漢・蔡邕〈陳太丘碑文〉：「會遭黨事，禁固二十年……及文書赦宥，時年已七十，遂隱丘山，懸車告老，四門備禮，閑心靜居。」劉良注：「閑，閉也。」

〔三〕知客：佛寺中專管接待賓客的僧人，又稱典客、典賓。唐・懷海《敕修百丈清規・兩序章》：「知客，執典賓客。」

〔四〕解禪：懂得佛法。宋・葉茵《頭陀岩》：「空岩聖得頭陀號，啼鳥枯松也解禪。」

〔五〕病夫：陽明自謂。唐・劉禹錫《病中一二禪客見問因以謝之》：「勞動諸賢者，同來問病夫。」宋・邵雍《詔三下答鄉人不起之意》：「幸逢堯舜為真主，且放巢由作外臣。六十病夫宜揣分，監司無用苦開陳。」

〔六〕碧溪：綠色的溪流。唐・杜甫《園》：「碧溪搖艇闊，朱果爛枝繁。」宋・蘇軾《虔州八境圖》之四：「薄暮漁樵人去盡，碧溪青嶂繞螺亭。」

登吳江塔

天深北斗望不見，更躡丹梯〔一〕最上層。太華〔二〕之西目雙斷〔三〕，衡山〔四〕以北欄獨憑〔五〕。漁舟渺渺去欲盡，客子依依愁未勝。夜久月出海風冷，飄然思欲登雲鵬〔六〕。

【編年】

此詩弘治十五年（1502）作於江蘇吳江。

【校注】

〔一〕丹梯：指高入雲霄的山峰。南朝・齊・謝朓〈敬亭山詩〉：「要欲追奇趣，即此陵丹梯。」李善注：「丹梯，謂山也。」唐・李白《夜泛洞庭尋裴侍御清酌》：「遇憩裴逸人，巖居陵丹梯。」王琦注引呂延濟曰：「丹梯，謂山高峰入雲霞處。」唐・歐陽詹《送聞上人遊嵩山》：「丹梯石磴君先去，為上青冥最上頭。」

〔二〕太華：即西嶽華山，在陝西省華陰縣南，因其西有少華山，故稱太華。《書・禹貢》：「西傾、朱圉、鳥鼠，至於太華。」《山海經・西山經》：「又西六十里，曰太華之山，削成而四方，其高五千仞，其廣十里，鳥獸莫居。」

〔三〕目斷：猶望斷，一直望到看不見。唐・丘為《登潤州城》：「鄉山何處是，目

斷廣陵西。」宋・晏殊《訴衷情》：「憑高目斷，鴻雁來時，無限思量。」

〔四〕衡山：一名岣嶁山，又名霍山，古稱南嶽，為五嶽之一。位於湖南中部，有七十二峰，以祝融、天柱、芙蓉、紫蓋、石廩五峰為最著。相傳舜南巡和禹治水都到過此處。歷代帝王南嶽祀典，除漢武帝遷祀安徽潛山外，均在此山。

〔五〕憑欄：身倚欄杆。唐・崔塗《上巳日永崇里言懷》：「遊人過盡衡門掩，獨自憑欄到日斜。」南唐・李煜《浪淘沙令》：「獨自莫憑闌，無限江山，別時容易見時難。」

〔六〕雲鵬：翱翔高空的大鵬。晉・葛洪《抱朴子・逸民》：「猶焦螟之笑雲鵬，朝菌之怪大椿。」南朝・梁・張纘《大言應令》：「罝羅微物，動落雲鵬。」

贈芳上人歸三塔

秀水城西久閉關，偶然飛錫〔一〕出塵寰〔二〕。調心〔三〕亦復聊同俗，習定〔四〕由來不在山。秋晚菱歌〔五〕湖水闊，月明清磬〔六〕塔窗閑。毘盧〔七〕好似嵩山笠，天際仍隨日影邊。

【編年】

此詩弘治十五年（1502）作於浙江嘉興。

《萬曆秀水縣志》卷二：「景德寺，在縣西三里。舊焚化院，五代錢氏賜額『保安』，宋景德間改今額。相傳寺下有白龍潭，遇風濤甚險，或晴霽，有白光三道起自潭中。唐季僧行雲者，積土填潭，造三塔以鎮之，遂呼為三塔灣，亦名三塔寺。」〔註22〕

【校注】

〔一〕飛錫：佛教語，謂僧人等執錫杖飛空。據《釋氏要覽》卷下：「今僧遊行，嘉稱飛錫。此因高僧隱峰遊五臺，出淮西，擲錫飛空而往也。若西天得道僧，往來多是飛錫。」晉・孫綽《遊天台山賦》：「王喬控鶴以沖天，應真飛錫以躡虛。」李周翰注：「應真，得真道之人，執錫杖而行於虛空，故云飛也。」

〔二〕塵寰：指人世間。唐・權德輿《送李城門罷官歸嵩陽》：「歸去塵寰外，春山桂樹叢。」

〔三〕調心：調攝心性。漢・陸賈《新語・慎微》：「如調心在己，背惡向善，不貪

於財，不苟於利，分財取寬，服事取勞，此天下易知之道、易行之事也。」唐·道宣《續高僧傳·義解四·慧遠》：「遠每於講際至於定宗，未嘗不讚美禪那，盤桓累旬，信慮求之可得也。自恨徇於眾務，無暇調心以為失耳！」宋·釋慧空《送化士》：「調心不易安心易，离世非難應世難。」

〔四〕習定：謂養靜以止息妄念。《景德傳燈錄·慧能大師》：「京城禪德皆云，欲得會道，必須坐禪習定，若不因禪定而得解脫者，未之有也。」宋·陳顯微《文始真經言外經旨·五鑒》：「昔有人居山習定，而山精現怪異之形，變化百種，魔撓其人，其人瞑目不視，曰：汝之伎倆有盡，我之不聞不見無窮。」唐·皎然《宿道士觀》：「幽期寄仙侶，習定至中宵。」

〔五〕菱歌：採菱之歌。南朝·宋·鮑照《採菱歌》之一：「簫弄澄湘北，菱歌清漢南。」唐·王勃《採蓮賦》：「聽菱歌兮幾曲，視蓮房兮幾珠。」

〔六〕清磬：佛寺中使用的一種鉢狀物，用銅鐵鑄成，既可作念經時的打擊樂器，亦可敲响集合寺眾。唐·岑參《冬夜宿仙遊寺南涼堂呈謙道人》：「夜來聞清磬，月出蒼山空。」唐·姚合《過欽上人院》：「修篁半庭影，清磬几僧鄰。」

〔七〕毘盧：佛名。毗盧舍那（亦譯作毗盧遮那）之省稱。即大日如來。一說，法身佛的通稱。宋·蘇轍《夜坐》詩：「知有毗盧一逕通，信腳直前無別巧。」

本覺寺

春風吹畫舫〔一〕，載酒入青山。雲散晴湖曲，江深綠樹灣。寺晚鐘韻〔二〕急，松高鶴夢〔三〕閑。夕陽摧暮景，老衲閉柴關。

【編年】

此詩弘治十六年（1503）作於浙江紹興。

本覺寺，《萬曆紹興府志》卷二十一：「本覺寺，在梅山。後唐清泰三年，節度副使謝思恭捨宅建。」

【校注】

〔一〕畫舫：裝飾華美的遊船。唐·劉希夷《江南曲》之二：「畫舫煙中淺，青陽日際微。」

〔二〕鐘韻：寺鐘的餘韻。唐·李紳《過梅里七首家於無錫四十載今敝廬數堵猶存今列題於後》：「竹洞磬聲長，松樓鐘韻疾。」

〔三〕鶴夢：超凡脫俗的嚮往。唐·司空圖《與李生論詩書》：「地涼清鶴夢，林靜肅僧儀。」

聖水寺二首

【編年】

此詩弘治十六年（1503）作於浙江杭州。

聖水寺，《雍正浙江通志》卷二百二十五：「雲居聖水寺，《錢塘縣志》：『在雲居山。』《西湖遊覽志》：『雲居庵者，宋元祐間，僧了元建聖水寺者。元貞間，僧明本建。洪武二十四年併聖水與雲居，賜額雲居聖水寺。』」

其一

拂袖〔一〕風塵〔二〕尚未能，偷閑殊覺愧山僧。杖藜〔三〕終擬投三竺〔四〕，裘馬〔五〕無勞說五陵〔六〕。

【校注】

〔一〕拂袖：引退、歸隱。元・貢奎《高侯畫桑落洲望廬山》：「日夜千帆萬柁過未已，誰肯拂袖同寂寥。」

〔二〕風塵：塵世紛擾的現實生活境界。此處借指名利繞身的宦途和官場。《年譜》記載，弘治十六年（1503），陽明移疾錢塘西湖，有歸隱之思。

〔三〕杖藜：謂拄著手杖行走。藜，野生植物，莖堅韌，可為杖。唐・杜甫《暮歸》：「年過半百不稱意，明日看雲還杖藜。」宋・蘇軾《鷓鴣天》：「村舍外，古城旁。杖藜徐步轉斜陽。」

〔四〕三竺：浙江杭州靈隱山飛來峰東南的天竺山，有上天竺、中天竺、下天竺三座寺院，合稱「三天竺」，簡稱「三竺」。宋・林景熙《西湖》：「斷猿三竺曉，殘柳六橋春。」元・方回《涌金城門望》：「三竺禪窗猿已化，八梅吟冢鶴應悲。」

〔五〕裘馬：輕裘肥馬，形容生活豪華。典出《論語・雍也》：「赤之適齊也，乘肥馬，衣輕裘。」朱熹集注：「言其富也。」南朝・梁・范雲《贈張徐州稷》：「儐從皆珠玳，裘馬悉輕肥。」宋・陸游《風入松》：「十年裘馬錦江濱，酒隱紅塵。萬金選勝鶯花海，倚疏狂驅使青春。」

〔六〕五陵：即五陵兒，指京都富豪子弟。唐・羅隱《西川與蔡十九同別子超》：「腸斷門前舊行處，不堪全屬五陵兒。」

其二

長擬〔一〕西湖放小舟，春山隨意逐春流。煙霞只作鷗鳧〔二〕主，斷卻紛紛世上愁。

【校注】

〔一〕長擬：長久的打算。唐·司空圖《漫書五首》其一：「長擬求閒未得閒，又勞行役出秦關。」

〔二〕鷗鳧：指水邊的沙鷗與野鴨，借指退隱。宋·丘葵《寄高尹》：「桐下歸來學釣魚，歲寒相伴只鷗鳧。」

曹林庵

好山兼在水雲間，如此湖須如此山。素有卜居陽羨興〔一〕，此身爭是未能閑。

【編年】

此詩弘治十六年（1503）作於浙江蕭山。

曹林庵，《萬曆紹興府志》卷二十一：「曹林庵，在湘湖。南宋咸淳中建。」後附陽明此詩。

【校注】

〔一〕陽羨：在今江蘇宜興。唐·方干《題陶詳校書陽羨隱居》：「芸香署裏從容步，陽羨山中嘯傲情。」

覺苑寺

獨寺澄江〔一〕濱，雙刹青漢〔二〕表。攬衣試登陟〔三〕，深林宿驚鳥。老僧丘壑癯〔四〕，古顏冰雪好。霏霏〔五〕出幽談，落落〔六〕見孤抱。雨霽江氣〔七〕收，天虛月色皓。夜靜臥禪關〔八〕，吾筆夢生草。

【編年】

此詩弘治十六年（1503）作於浙江蕭山。

覺苑寺，《萬曆紹興府志》卷二十一：「覺苑寺，在夢筆橋。北齊建元二年，江淹之子昭玄捨宅建。唐會昌中毀，大中二年重建，賜名昭玄。祥符中，避國諱，改今額。」

【校注】

〔一〕澄江：清澈的江水。南朝·齊·謝朓《晚登三山還望京邑詩》：「餘霞散成綺，澄江靜如練。」

〔二〕青漢：高空。南朝·梁·陶弘景《答虞中書書》：「棲六翮於荊枝，望綺雲於

青漢者，有曰於茲矣。」唐・賈島《送穆少府知眉州》：「劍門倚青漢，君昔未曾過。」

〔三〕登陟：登上。晉・孫綽《遊天台山賦》序：「舉世罕能登陟，王者莫由禋祀，故事絕於常篇，名標於奇紀。」唐・賈島《易州登龍興寺樓望郡北高峰》：「何時一登陟，萬物皆下顧。」

〔四〕宋・釋正覺《與孫宣教》：「山林意與世幾絕，丘壑姿逢秋更腥。」

〔五〕霏霏：指濃密盛多。《楚辭・九章・涉江》：「霰雪紛其無垠兮，雲霏霏而承宇。」

〔六〕落落：稀疏，零落。漢・杜篤《首陽山賦》：「長松落落，卉木蒙蒙。」晉・陸機《嘆逝賦》：「親落落而日稀，友靡靡而愈索。」唐・韓愈《東都遇春》：「悠悠度朝昏，落落捐季孟。」

〔七〕江氣：江上的水氣或霧氣。唐・張九齡《歲初巡屬縣登高安南樓言懷》：「江氣偏宜早，林英粲已繁。」宋・王安石《題朱郎中白都莊》：「山光隔釣岸，江氣雜炊煙。」

〔八〕禪關：禪門。唐・李白《化城寺大鐘銘》：「方入於禪關，睹天宮崢嶸，聞鐘聲璅屑。」宋・梅堯臣《會善寺》：「琉璃開淨界，薜荔啟禪關。」

勝果寺

　　深林容鳥道〔一〕，古洞隱春蘿。天迥聞潮早，江空得月多。冰霜叢草木，舟楫玩風波。巖下幽棲處，時聞白石歌〔二〕。

【編年】

　　此詩弘治十六年（1503）作於浙江杭州。

　　勝果寺，在今杭州市鳳凰山。《雍正浙江通志》卷二百二十七：「勝果禪寺，在包家山。隋開皇二年建。唐無著禪師重興。宋慶歷中，郡守鄭戩奏賜額曰崇聖。元至正間重建。明永樂十五年復建。」

【校注】

〔一〕鳥道：險峻狹窄的山路。南朝・梁・沈約《愍塗賦》：「依雲邊以知國，極鳥道以瞻家。」唐・李白《蜀道難》：「西當太白有鳥道，可以橫絕峨眉巔。」

〔二〕白石歌：晉・葛洪《神仙傳》載：皇初平牧羊山中，遇仙得道，四十餘年不歸。其兄入山尋訪，相見悲喜。但不見羊群只見白石。初平乃叱曰：「羊起！」於是白石皆變為羊數萬頭。見《藝文類聚》卷九四、《太平廣記》卷七。

春日宿寶界禪房賦

晴日落霞紅蘸水，杖藜扶客眺西津〔一〕。鶯鶯〔二〕喚處青山曉，燕燕〔三〕飛時綠野春。明月海樓高倚徧，翠峰煙寺遠遊頻。情多謾賦詩囊錦，對鏡愁添白髮新。

【編年】

此詩弘治十六年（1503）作於浙江杭州。

寶界禪房，寶界寺在杭州艮門山外。《嘉靖仁和縣志》卷十二：「寶界寺，舊在武林門內，名『翠峰』。宋治平間移艮山門外槎渡村，改額『寶界』。洪武二十四年，歸併崇善寺。」〔註23〕

【校注】

〔一〕西津：唐・王勃《採蓮曲》：「不惜西津交佩解，還羞北海雁書遲。」宋・秦
　　　觀《金山晚眺》：「西津江口月初弦，水氣昏昏上接天。」

〔二〕鶯鶯：嚶嚶。鳥鳴聲。《樂府詩集・琴曲歌辭一・思親操》：「河水洋洋兮青泠，
　　　深谷鳥鳴兮鶯鶯。」

〔三〕燕燕：燕子。《詩經・邶風・燕燕》：「燕燕于飛，差池其羽。孔穎達疏：「此
　　　燕即今之燕也，古人重言之。」唐・杜牧《為人題贈二首》其二：「綠樹鶯鶯
　　　語，平江燕燕飛。」

無題

江上月明看不徹〔一〕，山窗夜半只須開。萬松〔二〕深處無人到，千里空中有鶴來。受此幽居真結托〔三〕，憐予遊迹尚風埃〔四〕。年來病馬秋尤瘦〔五〕，不向黃金高築臺〔六〕。

【編年】

此詩弘治十六年（1503）作於浙江杭州。

此詩見於《陽明先生文錄》卷四（日本九州大學文學部藏），錢明《王陽明全集未刊散佚詩文彙編及考釋》著錄。

【校注】

〔一〕不徹：不盡，不完。唐・杜甫《江畔獨步尋花七絕句》其一：「江上被花惱不

徹，無處告訴只顛狂。」

〔二〕萬松：萬松山。《雍正浙江通志》卷九：「萬松山，《成化杭州府志》：『在安溪北鄉與鳳泉山，連有石門嶺，在山上，過此即武康界，故又名界山。』」

〔三〕結托：結交依托。晉·陶潛《神釋》：「結託善惡同，安得不相語。」

〔四〕風埃：仕宦生涯。宋·陸游《泛富春江》：「官路已悲捐歲月，客衣仍悔犯風埃。」

〔五〕年來病馬秋尤瘦：陽明自謂自己體弱如病馬，到了秋天更加羸弱。唐·杜甫《病馬》：「塵中老盡力，歲晚病傷心。」

〔六〕不向黃金高築臺：陽明此時養病於西湖，因病體萌生了退隱之心。黃金臺，又稱金臺、燕臺。相傳戰國燕昭王築，置千金於臺上，延請天下賢士，故名黃金臺。明人多以黃金臺指京師。

西湖

畫舫西湖載酒行〔一〕，藕花〔二〕風渡管弦聲。餘情未盡歸來晚，楊柳池臺月又生。

【編年】

此詩弘治十六年（1503）作於浙江杭州。

【校注】

〔一〕載酒行：唐·鄭穀《菊》：「日日池邊載酒行，黃昏猶自繞黃英。」宋·劉克莊《次韻劉帥出郊一首》：「競逐朱轓載酒行，熙熙物態與人情。」

〔二〕藕花：即荷花。唐·孟郊《送吳翱習之》：「新秋折藕花，應對吳語嬌。」宋·李清照《如夢令》：「興盡晚回舟，誤入藕花深處。」

無題詩

青山晴壑小茆簷，明月秋窺細升簾。折得荷花紅欲語，淨香深處續華嚴〔一〕。

【編年】

此詩弘治十六年（1503）作於浙江杭州。

【校注】

〔一〕華嚴：《大方廣佛華嚴經》的簡稱。唐·白居易《僧院花》：「細看便是華嚴偈，

方便風開智慧花。」宋・陳師道《謝寇十一惠端硯》:「敢書細字注魚蟲,要傳華嚴八千偈。」

夜歸

夜深歸來月正中,滿身香帶桂花風。流螢〔一〕數點樓臺外,孤雁〔二〕一聲天地空。沽酒喚回茅店夢,狂歌驚起石潭龍。倚欄試看青鋒劍〔三〕,萬丈寒光透九重。

【編年】

此詩作於弘治十六年(1503),疑為退居杭州養病時所作,但無明確的時間指向。暫依束景南推測,編年於此。〔註24〕

【校注】

〔一〕流螢:飛行無定的螢。南朝・齊・謝朓《玉階怨》:「夕殿下珠簾,流螢飛復息。」唐・杜牧《秋夕》:「紅燭秋光冷畫屏,輕羅小扇撲流螢。」

〔二〕孤雁:離群的孤單的雁。漢・蔡琰《悲憤詩》其二:「胡笳動兮邊馬鳴,孤鴈歸兮聲嚶嚶。」三國・魏・曹植《雜詩》其一:「孤鴈飛南遊,過庭長哀吟。」唐・杜甫《孤雁》:「孤雁不飲啄,飛鳴聲念群。」宋・郭祥正《謝東城練尉》:「因君吟想不能已,孤雁一聲山月頹。」

〔三〕青鋒劍:寶劍,利劍。劍身寒光閃爍,鋒芒畢露,故稱青鋒劍。

石門〔一〕晚泊

風雨石門晚,停舟問舊遊。爛花〔二〕春欲盡,惆悵繞〔三〕溪頭〔四〕。

【編年】

此詩弘治十七年(1504)作於浙江嘉興。

【校注】

〔一〕石門:今平湖縣,在浙江省嘉興市東部。

〔二〕爛花:疑為「煙花」,泛指綺麗的春景。唐・李白《黃鶴樓送孟浩然之廣陵》:「故人西辭黃鶴樓,煙花三月下揚州。」唐・杜甫《清明》詩之二:「秦城樓閣煙花裏,漢主山河錦繡中。」《嘉靖嘉興府圖記》卷六收錄此詩,作「煙花」。

〔註24〕束景南《陽明佚文輯考編年》,第 159 頁。

〔三〕繞：《嘉靖嘉興府圖記》卷六收錄此詩，作「遶」。

〔四〕溪頭：猶溪邊。唐·李端《送客東歸》：「行人相見便東西，日暮溪頭飲馬
　　　別。」

別友詩

千里來遊小洞天〔一〕，春風無計挽歸船。柳花繚亂飛寒白，何異山
陰〔二〕雪後天。

【編年】

此詩弘治十七年（1504）作於浙江餘姚。

【校注】

〔一〕小洞天：指四明山陽明洞。

〔二〕山陰：今浙江紹興。《萬曆紹興府志》：「山陰縣，越王句踐都。秦始皇三十七
　　　年，徙大越民，置餘杭。伊攻故鄃，因徙天下有罪適吏民置，故大越處以備
　　　東海外，乃更名大越，曰山陰。《會稽土地志》云：『邑在山之陰。』故名「山
　　　陰」。

若耶溪〔一〕送友詩

若耶溪上雨初歇，若耶溪邊船欲發。楊枝嫋嫋〔二〕風乍晴，楊花漫
漫〔三〕如雪白。湖山〔四〕滿眼〔五〕不可收，畫手憑誰寫清絕〔六〕？金尊
〔七〕綠酒〔八〕照玄髮〔九〕，送君暫作沙頭別。長風破浪〔十〕下吳越〔十一〕，
飛帆夜渡錢塘月。遙指扶桑〔十二〕向溟渤〔十三〕，翠水〔十四〕金城〔十五〕
見丹闕〔十六〕。絳雲〔十七〕扶疏〔十八〕藏兀突，中有清虛〔十九〕廣寒窟〔二
十〕。冷光瑩射精魂魄〔二一〕，雲樓萬丈凌風蹴〔二二〕。玉宮桂樹〔二三〕秋
正馥，最上馬枝堪手折。携向彤墀〔二四〕獻天子，金匱〔二五〕琅函〔二六〕
貯芳烈〔二七〕。

內兄諸用冕惟奇，負藝，不平於公道者久矣。今年將赴南都試，予
別之耶溪之上，固知其高捷北轅，不久當會於都下，然而繾綣之情自有
不容已也。越山農□魯英為寫耶溪別意，予因詩以送之，屬冗不及長
歌。俟其對榻垣南草堂，尚當為君和鹿鳴之歌也。弘治甲子又四月望，
陽明山人王守仁書於西清軒。垣南草堂，予都下寓舍也。

【編年】

　　此詩弘治十七年（1504）作於浙江紹興。

【校注】

〔一〕若耶溪：又名耶溪。《越絕書》卷十一：「赤堇之山，破而出錫；若耶之溪，涸而出銅。」王琦注引施宿《會稽志》：「若耶溪在會稽縣南二十五里，北流與鏡湖合。」相傳為西施浣紗處，故別名浣沙溪。

〔二〕嫋嫋：搖曳飄動的樣子。《玉臺新詠·古樂府〈皚如山上雪〉》：「竹竿何嫋嫋，魚尾何蓰蓰。」唐·李白《送蕭三十一之魯中》：「夫子如何涉江路，雲帆嫋嫋金陵去。」

〔三〕漫漫：眾多的樣子。戰國·楚·宋玉《釣賦》：「漫漫群生，孰非吾有。」宋·陸游《九月初郊行》：「蕎花漫漫連山路，豆莢離離映版扉。」

〔四〕湖山：湖水與山巒。唐·元稹《酬鄭從事四年九月宴望海亭》：「湖山四面爭氣色，曠望不與人間同。」唐·杜牧《江樓晚望》：「湖山翠欲結蒙籠，汗漫誰遊夕照中。」

〔五〕滿眼：充滿視野。晉·陶潛《祭程氏妹文》：「尋念平昔，觸事未遠，書疏猶存，遺孤滿眼。」唐·杜甫《千秋節有感》詩之二：「桂江流向北，滿眼送波濤。」

〔六〕清絕：淒清至極。晉·陸雲《與兄平原書》之十一：「昔讀《楚辭》，意不大愛之，頃日視之，實自清絕滔滔。」唐·杜甫《奉同郭給事湯東靈湫作》：「浩歌淥水曲，清絕聽者愁。」

〔七〕金尊：也作金樽，酒尊的美稱。南朝·宋·謝靈運《石門新營所住》：「芳塵凝瑤席，清醑滿金樽。」唐·陳子昂《春夜別友人》詩之一：「銀燭吐青煙，金尊對綺筵。」

〔八〕綠酒：美酒。晉·陶潛《諸人共遊周家墓柏下》：「清歌散新聲，綠酒開芳顏。」唐·黃滔《寄羅郎中隱》：「綠酒千盃腸已爛，新詩數首骨猶存。」

〔九〕玄髮：黑髮。漢·蔡邕《青衣賦》：「玄發光潤，領如蟎蟣。」唐·宋之問《入瀧州江》：「鏡愁玄發改，心負紫芝榮。」

〔十〕長風破浪：《宋書·宗慤傳》：「慤年少時，炳（慤叔父）問其志，慤曰：『願乘長風破萬里浪。』」後比喻人的志向遠大，氣魄雄偉，奮勇前進。唐·李白《行路難》詩之一：「長風破浪會有時，直掛雲帆濟滄海。」

〔十一〕吳越：春秋吳越故地，在今江浙一帶。唐·李白《夢遊天姥吟留別》：「我欲

因之夢吳越，一夜飛度鏡湖月。」

〔十二〕扶桑：東方古國名。宋‧王安石《次韻平甫金山會宿寄親友》：「飄然欲作乘
　　　　桴計，一到扶桑恨未能。」元‧王冕《送頤上人歸日本》：「上人住近扶桑國，
　　　　我家亦在蓬萊丘。」

〔十三〕溟渤：溟海和渤海的合稱，多泛指大海。南朝‧宋‧鮑照《代君子有所思》：
　　　　「築山擬蓬壺，穿池類溟渤。」唐‧李涉《卻歸巴陵途中走筆寄唐知言》：「後
　　　　輩無勞續出頭，坳塘不合窺溟渤。」

〔十四〕翠水：唐‧曹唐《小遊仙詩九十八首》其九十四：「暫隨髠伯縱閑遊，飲鹿因
　　　　過翠水頭。宮殿寂寥人不見，碧花菱角滿潭秋。」宋‧歐陽修《漁家傲》其
　　　　七：「七月芙蓉生翠水。」

〔十五〕金城：堅固的城池。

〔十六〕丹闕：赤色的宮闕，借指皇帝所居的宮廷。唐太宗《秋月即目》：「爽氣浮丹
　　　　闕，秋光澹紫宮。」

〔十七〕絳雲：紅色的雲，傳說天帝所居常有紅雲擁之。南朝‧梁‧陶弘景《冥通記》
　　　　卷二：「懸臺凌紫漢，峻階登絳雲。」北周‧庾信《道士步虛詞》之八：「北
　　　　闕臨玄水，南宮生絳雲。」唐‧盧照鄰《贈李榮道士》：「圓洞開丹鼎，方壇
　　　　聚絳雲。」

〔十八〕扶疏：枝葉繁茂分披貌。《呂氏春秋‧任地》：「樹肥無使扶疏，樹墝不欲專生
　　　　而族居。肥而扶疏則多粃，墝而專居則多死。」漢‧王逸《九思》其七：「菫
　　　　荼茂兮扶疏，蘅芷彫兮瑩娭。」

〔十九〕清虛：指月宮。五代‧譚用之《江邊秋夕》：「七色花虬一聲鶴，幾時乘興上
　　　　清虛。」

〔二十〕廣寒窟：即廣寒宮，傳說唐玄宗於八月望日遊月中，見一大宮府，榜曰：「廣
　　　　寒清虛之府」。見舊題唐柳宗元《龍城錄‧明皇夢遊廣寒宮》。後因稱月中
　　　　仙宮為「廣寒宮」。唐‧鮑溶《宿水亭》：「夜深星月伴芙蓉，如在廣寒宮裏
　　　　宿。」唐‧陸龜蒙《上元日道室焚修寄襲美》：「三清今日聚靈官，玉刺齊抽
　　　　謁廣寒。」

〔二一〕精魂魄：精神魂魄。漢‧王充《論衡‧書虛》：「生任筋力，死用精魂……筋
　　　　力消絕，精魂飛散。」

〔二二〕凌風躍：駕風而行。唐‧韓愈《鳴雁》：「違憂懷息性匪他，凌風一舉君謂
　　　　何。」

〔二三〕玉宮桂樹：唐・李賀《天上謠》：「玉宮桂樹花未落，仙妾採香垂佩纓。」

〔二四〕彤墀：即丹墀，借指朝廷。唐・韓愈《歸鼓城》：「我欲進短策，無由至彤墀。」
宋・秦觀《寄孫莘老少監》：「一出承明七換麾，君恩復許上彤墀。」

〔二五〕金匱：作「金櫃」，亦作「金鐀」。銅製的櫃，古時用以收藏文獻或文物。漢・
賈誼《新書・胎教》：「胎教之道，書之玉版，藏之金櫃，置之宗廟，以為後
世戒。」

〔二六〕琅函：書匣的美稱。前蜀・韋莊《李氏小池亭》：「家藏何所寶，清韻滿琅
函。」

〔二七〕芳烈：指盛美的功業。漢・班固《典引》：「扇遺風，播芳烈，久而愈新，用
而不竭。」唐・顧況《贈別崔十三長官》：「崔俠兩兄弟，垂範繼芳烈。」

謁周公廟〔一〕

守仁祇奉朝命，主考山東鄉試，因得謁元聖周公廟。謹書詩一首，
以寓景仰之意云爾。時弘治甲子九月九日。

我來謁周公，嗒焉〔二〕默不語。歸去展陳篇〔三〕，詩書〔四〕說向汝。

【編年】

此詩弘治十七年（1504）作於山東曲阜。

【校注】

〔一〕周公廟：《嘉靖山東通志》卷十八：「周公廟，在曲阜縣東北二里。有司春秋
致祀立，東野氏世守其祠。」

〔二〕嗒焉：《莊子・齊物論》：「南郭子綦隱機而坐，仰天而噓，嗒焉似喪其耦。」
形容悵然若失的樣子。宋・郭祥正《逍遙園》：「嗒焉自喪兮，吾不知其為
偶。」

〔三〕陳篇：指經典詩書，即後句所指《詩經》《尚書》。陽明《別方叔賢四首》其
二：「請君靜後看羲畫，曾有陳篇一字不？」

〔四〕詩書：指《詩經》和《尚書》。《左傳・僖公二十七年》：「《詩》《書》，義之府
也；《禮》《樂》，德之則也。」

天涯思歸

庭〔一〕戀闕〔二〕心俱似，將父〔三〕勤王〔四〕事口達。使節已從青漢
下，親廬休望白雲飛。秋深峽口猿啼急，歲晚衡陽雁影稀。隣里過逢如

話我，天涯無日不思歸。

　　□□行，名父作詩送，予亦次韻。陽明守仁書。

【編年】

　　此詩作於弘治十七年（1504），地點待考。

【校注】

〔一〕趨庭：亦作「趍庭」。《論語·季氏》：「（孔子）嘗獨立，鯉趨而過庭。曰：『學詩乎？』對曰：『未也。』『不學詩，無以言。』鯉退而學詩。他日，又獨立，鯉趨而過庭。曰：『學禮乎？』對曰：『未也。』『不學禮，無以立。』鯉退而學禮。」後因以「趨庭」謂子承父教。此處指奉養雙親，告官還鄉之意。

〔二〕戀闕：留戀宮闕。舊時用以比喻心不忘君。唐·杜甫《散愁》其二：「戀闕丹心破，霑衣皓首啼。」唐·韓愈《次鄧州界》：「潮陽南去倍長沙，戀闕那堪更憶家。」

〔三〕將父：謂奉養父親。宋·方岳《陶倅母夫人挽詩》「往年將父問里舍，病痱中道惊相持。」宋·陸游《送子修入閩》：「薄祿及親雖共喜，遠途將父亦誠難。」

〔四〕勤王：謂盡力於王事。《左傳·僖公二十五年》：「狐偃言於晉侯曰：『求諸侯莫如勤王。』」

的突泉和趙松雪〔一〕韻

　　濼水特起根虛無，下有鰲窟連蓬壺〔二〕。絕喜坤靈〔三〕能爾幻，卻愁地脈〔四〕還時枯。驚湍〔五〕怒湧噴石寶，流沫〔六〕下瀉翻雲湖。月色照水歸獨晚，溪邊瘦影伴人孤。

【編年】

　　此詩弘治十七年（1504）作於山東濟南。

【校注】

〔一〕趙松雪：元代書畫家趙孟頫，號松雪道人，簡稱松雪。清·錢泳《履園叢話·藝能·書》：「余以為教人學書，當分三等。第一等有絕頂天資，可以比擬松雪、華亭之用筆者，則令其讀經史，學碑帖，遊名山大川，看古人墨蹟，為傳世之學。」

〔二〕蓬壺：蓬萊。古代傳說中的海中仙山。晉·王嘉《拾遺記·高辛》：「三壺則

海中三山也。一曰方壺，則方丈也；二曰蓬壺，則蓬萊也；三曰瀛壺，則瀛洲也。形如壺器。」唐・沈亞之《題海榴樹呈八叔大人》：「曾在蓬壺伴眾仙，文章枝葉五雲邊。」

〔三〕坤靈：古人對大地的美稱。漢・揚雄《司空箴》：「普彼坤靈，俾天作則。分製五服，劃為萬國。」唐・王勃《九成宮頌》序：「在地班形，珠闕鎮坤靈之野。」唐・韋莊《北原閑眺》：「千年王氣浮清洛，万古坤靈鎮碧嵩。」金・元好問《太室同希顏賦》：「鼇掀一柱在，萬古壓坤靈。」

〔四〕地脈：地下水。唐・孟雲卿《放歌行》：「地脈日夜流，天衣有時掃。」

〔五〕驚湍：猶急流。晉・潘岳《河陽縣作》：「山氣冒山嶺，驚湍激嚴阿。」唐・梁琼《宿巫山寄遠人》：「春風澹澹雲云閑，惊湍流水响千山。」

〔六〕流沫：水勢激湍騰沫。《莊子・達生》：「孔子觀於呂梁，縣水三十仞，流沫四十里，黿鼉魚鱉之所不能遊也。」南朝・宋・謝靈運《還舊園作見顏范二中書》：「流沫不足險，石林豈為艱。」

御帳坪〔一〕

危構〔二〕雲煙上，憑高〔三〕一望空。斷碑〔四〕存漢字〔五〕，老樹襲秦封〔六〕。路入天衢〔七〕畔，身當宇宙中。短詩殊草草〔八〕，聊以記吾踪。

【編年】

此詩弘治十七年（1504）作於山東濟南。

【校注】

〔一〕御帳坪：《嘉靖山東通志》卷二十二：「御帳坪，在泰山半，宋真宗封禪駐此。」

〔二〕危構：高聳的建築物。宋・蘇舜欽《宿華嚴寺與友生會話》：「危構嵩嶢出太虛，坐看斜日墮平蕪。」

〔三〕憑高：登臨高處。唐・李白《天台曉望》：「憑高遠登覽，直下見溟渤。」前蜀・韋莊《婺州水館重陽日作》：「異國逢佳節，憑高獨苦吟。」

〔四〕斷碑：斷裂殘缺的石碑。宋・黃庭堅《病起荊江亭即事》詩之五：「楊綰當朝天下喜，斷碑零落臥秋風。」元・傅若金《韓淮陰廟》：「高帝旌旗俱寂寞，斷碑零落後人看。」

〔五〕漢字：漢朝時的文字。宋・包信《翻經臺白蓮池》：「金文翻古偈，漢字變胡

書。」宋・胡仔《歌風臺》：「碑存溪石高嵯峨，漢字漫滅新鐫訛，臺非舊築行人過。」

〔六〕秦封：秦始皇巡遊各地時給予山川、物類的封號。唐・白行簡《貢院樓北新栽小松》：「山苗不可蔭，孤直俟秦封。」宋・劉克莊《賦得老松老鶴各一首》其一：「青帝行將轉鄒律，蒼官何必愛秦封。」

〔七〕天衢：天空廣闊，任意通行，如世之廣衢，故稱天衢。南朝・梁・劉勰《文心雕龍・時序》：「馭飛龍於天衢，駕騏驥於萬里。」唐・皎然《奉陪鄭使君諤遊太湖至洞庭山登真觀卻望湖水》：「突兀盤水府，參差杳天衢。」

〔八〕草草：匆忙倉促的樣子。唐・李白《南奔書懷》：「草草出近關，行行昧前筭。」宋・梅堯臣《令狐秘丞守彭州》：「前時草草別，渺漫二十年。」

西湖

　　我所思兮山之阿，下連浩蕩兮湖之波。層巒復巘，周遭而環合。雲木際天兮，擁千峰之嵯峨〔一〕。送君之邁兮，我心悠悠。桂之檝兮蘭之舟〔二〕，蕭鼓激兮哀中流。湖水春兮山月秋，湖雲漠漠兮山風颸颸〔三〕。蘇之堤兮逋之宅〔四〕，復有忠魂兮山之側。桂樹團團兮空山夕，猿冥冥兮嘯青壁。曠懷人兮水涯〔五〕甘，目惝恍兮斷秋魄。君之遊兮，雙旗奕奕。水鶴翩翩兮，鷗鳬澤澤。君來何暮兮，去何毋疾；我心則悅兮，毋使我亟。送君之邁兮，欲往無翼。雁流聲而南去兮，渺春江之脈脈。

　　陽明王守仁。

【編年】

　　此詩弘治十八年（1505）作於浙江杭州。

【校注】

〔一〕嵯峨：山高峻貌。唐・唐彥謙《送許戶曹》：「將軍樓船發浩歌，雲檣高插天嵯峨。」

〔二〕桂之檝兮蘭之舟：形容船的精美名貴。桂檝，桂木船槳，泛指槳。宋・陸游《蹋磧》：「何日畫船搖桂檝，西湖卻賦探春詩。」蘭舟，小舟的美稱。唐・許渾《重遊練湖懷舊》：「西風渺渺月連天，同醉蘭舟未十年。」宋・李清照《一剪梅》：「紅藕香殘玉簟秋，輕解羅裳，獨上蘭舟。」

〔三〕颸颸：象聲詞，形容風聲雨聲。唐・司馬承禎《答宋之問》：「白雲悠悠去不返，寒風颸颸吹日晚。」宋・王汝舟《蘆花》：「琵琶亭前夜泊舟，荻花瑟瑟

風颼颼。」

〔四〕蘇之堤兮逋之宅：蘇公堤，在浙江省杭州市西湖中。北宋元祐年間，蘇軾知杭州時，疏浚西湖，堆泥築堤，南起南屏山，北接岳王廟，分西湖為內外兩湖。其間有橋六座，夾道雜植花柳，有「六橋煙柳」之稱。宋・陳居仁《西湖感舊》：「蘇公堤畔採蓮船，蘸碧樓臺動管弦。」逋宅，謂林逋舊宅。林逋，字君復，錢塘（今浙江杭州）人。他隱居西湖，終身未娶，賞梅養鶴，世稱「梅妻鶴子」。卒後，謚和靖先生。宋・吳惟信《寄孔海翁號蕙林》：「鶴守林逋宅，鷗閑賀監湖。」

〔五〕水涯：即水邊。《周易・漸卦》：「鴻漸於干」唐・孔穎達疏：「干，水涯也。」唐・宋之問《太平公主山池賦》：「煙岑水涯，繚繞逶迤。」

古詩

曉日〔一〕明華屋〔二〕，晴窗〔三〕閑卷牘〔四〕。試拈枯筆〔五〕事遊戲，巧心妙思回長轂〔六〕。貌出寒林鴉萬頭，潑畫金壺墨千斛。從容點染不經意，欻忽〔七〕軒騰〔八〕駭神速。寫情適興各有得，豈必校書向天祿〔九〕。怪石昂藏〔十〕文變虎〔十一〕，古樹叉牙〔十二〕角解鹿〔十三〕。飛鳴相從各以族，翻舞斜陽如背暴。平原蕭蕭新落木，歸霞掩映隨孤鶩。高行拂暝挾長風，劇勢搏風卷微霂。開合低昂整復亂，宛若八陣列魚腹。出奇邀險倏變化，無窮何止三百六。獨往恥為腐鼠〔十四〕爭，疾擊時同秋隼〔十五〕逐。畫師精妙乃如此，天機飛動疑可掬。秋堂華燭光閃煜，展視還嫌雙眼肉。俗手環觀徒歎羨，摹倣安能步一蹴。嗟哉用心雖小技，猶勝飽眼終日無歸宿。

即席陽明山人王守仁次韻。

【編年】

此詩作於弘治十八年（1505），地點待考。

【校注】

〔一〕曉日：指朝陽。魏晉・劉琨《胡姬年十五》：「虹梁照曉日，滌水泛香蓮。」唐・劉禹錫《酬令狐相公使宅別齋初栽桂樹見懷之作》：「影近畫梁迎曉日，香隨綠酒入金杯。」

〔二〕華屋：華美的房屋。宋・蘇軾《賀新郎・乳燕飛華屋》：「乳燕飛華屋，悄無人，桐陰轉午，晚涼新浴。」

〔三〕晴窗：明亮的窗戶。唐・杜甫《贈獻納使起居田舍人》：「曉漏追飛青瑣闥，晴窗點檢白雲篇。」宋・陸游《臨安春雨初霽》：「矮紙斜行閑作草，晴窗細乳戲分茶。」

〔四〕卷牘：謂官員從事公務。

〔五〕枯筆：猶禿筆，用作謙詞。宋・黃庭堅《次韻文潛休沐不出》之二：「著書灑風雨，枯筆束如林。」宋・陸游《幽居述事》詩之四：「舴艋東歸喜遂初，頻拈枯筆賦閑居。」

〔六〕長轂：本義指車輪中心較長的承軸圓木，此處指畫師作畫時的匠心巧佈。

〔七〕欻忽：忽然，迅疾的樣子。唐・羅隱《滕王閣》：「江神有意怜才子，欻忽威靈助去程。」宋・黃伯思《東觀餘論・論張長史書》：「始見張旭所書《千字文》……猶縱風鳶者翔戾於空，隨風上下，而綸常在手；擊劍者交光飛刃，欻忽若神，而器不離身。」

〔八〕軒騰：飛騰。唐・韓愈《送靈師》：「逸志不拘教，軒騰斷牽攣。」

〔九〕天祿：漢代閣名，後亦通稱皇家藏書之所。唐・楊炯《渾天賦》：「馮唐入於郎署也，兩君而未識；揚雄在於天祿也，三代而不遷。」徐渭《芸閣校書篇》：「他年在天祿，羞與俗人同。」

〔十〕昂藏：指書法遒勁拔俗。唐・竇臮《述書賦上》：「觀乎吐納僧虔，擠排子敬，昂藏鬱拔，勝草負正，猶力稽牛刀，水展龍性。」

〔十一〕文虎：虎皮有文采，故稱虎為文虎。《山海經・海外南經》：「狄山，帝堯葬于陽，帝嚳葬于陰。爰有熊、羆、文虎。」郭璞注：「彫虎也。」

〔十二〕叉牙：參差不齊。王文考《魯靈光殿賦》：「枝牚杈枒而斜據。」李善注：「杈枒，參差之貌。」宋・梅堯臣《宣城馬御史酒闌一夕而西因以寄之》：「叉牙鐵鎖漫橫絕，濕櫓不驚潭底龍。」

〔十三〕角解鹿：樹枝交錯參差就像鹿角一樣。

〔十四〕腐鼠：腐爛的死鼠。典出《莊子・秋水》：「惠子相梁，莊子往見之。或謂惠子曰：『莊子來，欲代子相。』於是惠子恐，搜於國中三日三夜。莊子往見之，曰：『南方有鳥，其名為鵷鶵，子知之乎？夫鵷鶵發於南海而飛於北海，非梧桐不止，非練實不食，非醴泉不飲。於是鴟得腐鼠，鵷鶵過之，仰而視之曰：嚇！今子欲以子之梁國而嚇我邪？』」後遂用為賤物之稱。唐・李商隱《安定城樓》：「不知腐鼠成滋味，猜意鵷鶵竟未休。」

〔十五〕秋隼：亦稱「鶻」，一種兇狠的鳥類，翅膀窄而尖，上嘴呈鉤曲狀，背青黑色，

尾尖白色，腹部黃色。飼養馴熟後，可以幫助打獵。唐·杜甫《魏將軍歌》：
「魏侯骨聳精爽緊，華嶽峰尖見秋隼。」

題臨水幽居圖〔一〕

秋日淡雲影，松風生晝陰〔二〕。幽人□絜想，寧有書與琴。

【編年】

此詩正德元年（1506）作於京師。

【校注】

〔一〕臨水幽居圖：待考。

〔二〕晝陰：白晝陰暗。漢·司馬相如《長門賦》：「浮雲鬱而四塞兮，天窈窕而晝
陰。」唐·王維《賦得秋日懸清光》：「晝陰殊眾木，斜影下危樓。」唐·杜
牧《綠夢》：「秋色寄高樹，晝陰籠近山。」

贈劉秋佩〔一〕

骨鯁〔二〕英風海外知，況於青史萬年垂。紫霧四塞麟驚去，紅目重
光鳳落儀。天奪忠良誰可問，神為雷電鬼難知。莫邪〔三〕亙古無終秘，
屈軼〔四〕何時到玉墀〔五〕？

【編年】

此詩正德二年（1507）作於京師。

【校注】

〔一〕劉秋佩：即劉菃，字惟馨，號鳳山、秋佩。《明史·劉菃傳》：「劉菃，字惟馨，
涪州人。弘治十二年進士，授戶科給事中。」

〔二〕骨鯁：比喻剛直。《史記·吳太伯世家》：「方今吳外困於楚，而內空無骨鯁之
臣，是無奈我何。」唐·杜甫《入奏行贈西山檢察使竇侍御》：「年未三十忠
義俱，骨鯁絕代無。」

〔三〕莫邪：傳說春秋吳王闔廬使干將鑄劍，鐵汁不下，其妻莫邪自投爐中，鐵汁
乃出，鑄成二劍。雄劍名干將，雌劍名莫邪。事見漢·趙曄《吳越春秋·闔
閭內傳》、唐·陸廣微《吳地記·匠門》。後因用作寶劍名。《荀子·性惡》：
「闔閭之干將、莫邪、鉅闕、辟閭，此皆古之良劍也。」

〔四〕屈軼：亦稱「屈佚草」，亦稱「屈草」。古代傳說中一種草，謂能指識佞人，

故又名「指佞草」。漢·王充《論衡·是應》:「屈軼,草也。安能知佞?」唐·蘇味道《贈封御史入臺》:「夕鴉共鳴舞,屈草接芳霏。」

〔五〕玉墀:宮殿前的石階,借指朝廷。漢武帝《落葉哀蟬曲》:「羅袂兮無聲,玉墀兮塵生。」南朝·宋·顏延之《宋文皇帝元皇后哀策文》:「灑零玉墀,雨泗丹掖。」

又贈劉秋佩

　　檢點〔一〕同年〔二〕三百輩,大都碌碌在風塵。西川〔三〕若也無秋佩,誰作乾坤不勞人?

【編年】

　　此詩正德二年（1507）作於京師。

【校注】

〔一〕檢點:查點。唐·方干《贈山陰崔明府》:「壓酒曬書猶檢點,修琴取藥似交關。」

〔二〕同年:古代科舉考試同科中式者之互稱。唐代同榜進士稱「同年」,明清鄉試、會試同榜登科者皆稱「同年」。元·薩都剌《送鄭天趣進柑入京》:「同年若問儂消息,為說愁來奈病何。」

〔三〕西川:劍南西川,路名。宋至道十五路之一。治益州（今成都市）,轄今四川鹽亭、大竹、鄰水、合江,重慶永川市以西,四川邛崍山、大雪山、大涼山以東和江油市、北川以南地區。

雲龍山〔一〕次喬宇〔二〕韻

　　幾度舟人指石岡,東西長是客途忙。百年風物〔三〕初經眼,三月煙花正向陽。芒碭〔四〕漢雲春寂寞,黃樓〔五〕楚調晚淒涼。惟餘放鶴亭〔六〕前草,還與遊人借醉觴。

【編年】

　　此詩正德二年（1502）作於江蘇徐州。

【校注】

〔一〕雲龍山:在江蘇徐州境內。《民國銅山縣志》卷十三:「銅山縣境內之山,城南為雲龍山。」

〔二〕喬宇:字希大,號白巖,太原樂平人。成化二十年（1484）進士,官至吏部

尚書，加少保兼太子太保，諡莊簡。事跡具《明史·列傳》。著有《白巖集》。

〔三〕風物：風光景物。晉·陶潛《遊斜川》詩序：「天氣澄和，風物閑美。」唐·
皎然《奉陪鄭使君諤遊太湖至洞庭山登上真觀卻望湖水》：「不遠風物變，忽
如寰宇殊。」

〔四〕芒碭：芒山、碭山的合稱。在今安徽省碭山縣東南，與河南省永城縣接界。
《史記·高祖本紀》：「秦始皇常曰『東南有天子氣』，於是因東遊以厭之。高
祖即自疑，亡匿，隱於芒碭山澤巖石之間。」

〔五〕黃樓：樓名。故址在今江蘇省徐州市。宋蘇轍曾作《黃樓賦》：「熙寧十年秋
七月乙丑，黃河決口，水及彭城下。蘇軾適為彭城守。水未至，蘇軾使民具
畚鍤，畜土石，積芻茭，完室隙穴，以為水備，故水至而民不恐。及水至城
下，蘇又以身帥之，與城存亡，故水至而民不潰。水退又請增築徐城，故水
既去，而民益親，於是在城的東門築大樓，堊以黃土，曰：『土實勝水。』徐
人相勸成之。後蘇轍、秦觀等都曾登黃樓，覽觀山川，弔水之遺跡，作黃樓
之賦。」後以「黃樓」為登覽山水，賦詩作文，以頌功德的典實。

〔六〕放鶴：指雲龍山上的放鶴亭。《同治徐州府志》卷十八：「放鶴亭，在雲龍山
上，宋雲龍山人張天驥建，屢圮屢葺。」宋·蘇軾《送蜀人張師厚赴殿試二
首》其二：「雲龍山下試春衣，放鶴亭前送落暉。」

題吳五峰大參甘棠遺愛卷〔一〕五峰衡山人

遵〔二〕彼江滸〔三〕，樛木〔四〕陰陰，亦有松柏，鬱其相參。彼行者
徒，或馳以驅，載橐荷畚，傴僂蹇除。昔也炎暑，道暍無所；今也蒸燉，
有如室處。陰陰樛木，實獲我心。赫赫吳公，仁惠忠諶。惟此樛木，吳
公所植。匪公之德，曷休以息？公行田野，褐蓋朱輪，茇於柳下，勞此
農人。薰風自南，吹彼柔肄，悠悠旌旐，披拂搖曳。民曰公來，盍往迎
之。壺漿車下，實慰我思。我思何極，公勿我去，天子之命，盍終我庇。
公曰爾民，爾孝爾弟，食耕飲鑿，以遊以戲。民曰我公，我植我培，有
若茲樹，翌其餘枚。嗟我庶民，勿剪勿伐，勿愧甘棠，公我召伯。

【編年】

此詩正德二年（1507）作於浙江錢塘。

【校注】

〔一〕據束景南《陽明佚文輯考編年》考證，吳五峰大參應即吳紀，《康熙衡州府志》

卷十六：「衡山縣，吳紀，成化戊戌進士，由兵、戶二曹主事、郎中，以忤閹瑾出為浙江參政。旋致政，捐俸二千餘金，貯庫以備賑濟。去之日，敝篋蕭然。歸家絕跡公門，日與南臺僧無礙為方外交，別號『五峰道人』。所著有《遺清軒漫稿》。」甘棠：指《詩經·召南·甘棠》篇。《毛詩注疏》：「《甘棠》，美召伯也。召伯之教，明於南國。」陽明以吳紀比作召伯，讚頌其德政。所謂「甘棠遺愛卷」，疑即浙中錢塘文士送別吳紀所作詩卷。〔註25〕

〔二〕遵：循著、沿著。

〔三〕江滸：江邊。《三國志·吳志·張溫傳》：「吳國勤任旅力，清澄江滸，願與有道平一宇內。」南朝·梁·陶弘景《吳太極左仙公葛公之碑》：「西臨江滸，北旁郊邑。」

〔四〕樛木：《詩經·周南·樛木》：「南有樛木，葛藟纍之。」鄭玄箋：「木下曲曰樛。」唐·黃滔《送君南浦賦》：「林駢樛木，摧誠而敢望合懽；洲躍嘉魚，取信而當期剖腹。」

靖興寺〔一〕

隔水不見寺，但聞清磬來。已指峰頭路，始瞻雲外臺。洞天藏日月，潭窟隱風雷。欲詢興廢跡，荒碣滿蒿萊〔二〕。

【編年】

此詩正德三年（1508）作於湖南長沙。

【校注】

〔一〕靖興寺：在醴陵縣靖興寺，《乾隆長沙府志》卷三十五：「靖興寺，在（醴陵）縣河西，唐李靖屯兵處，內有法輪。」又卷五：「西山，（醴陵）縣西二里，一名靖興寺。唐李靖駐兵於此，石壁上有靖像。」〔註26〕

〔二〕蒿萊：《韓詩外傳》卷一：「原憲居魯，環堵之室，茨以蒿萊。」唐·杜甫《夏日嘆》：「萬人尚流冗，舉目惟蒿萊。」

龍潭〔一〕

老樹千年惟鶴住，深潭百尺有龍蟠〔二〕。僧居卻在雲深處，別作人間境界〔三〕看。

〔註25〕束景南《陽明佚文輯考編年》，第 225 頁。
〔註26〕束景南《陽明佚文輯考編年》，第 258 頁。

【編年】

此詩正德三年（1508）作於湖南長沙。

【校注】

〔一〕龍潭：《乾隆長沙府志》卷五：「靖興寺，（醴陵）縣西金魚洲下，以李靖得名。」鄒守益有和詩《靖興寺》：「鳳闕一鳴成遠斥，龍場千里且深蟠。題詩留得行程記，老樹深潭不忍看。」〔註27〕

〔二〕龍蟠：喻豪傑之士隱伏待時。《三國志‧魏志‧杜襲傳》：「襲避亂荊州，劉表待以賓禮。同郡繁欽數見奇於表，襲喻之曰：『吾所以與子俱來者，徒欲龍蟠幽藪，待時鳳翔。』」

〔三〕境界：境況，情景。宋‧陸游《懷昔》：「老來境界全非昨，臥看縈簾一縷香。」

望赫羲臺〔一〕

　　隔江嶽麓〔二〕懸情久，雷雨瀟湘〔三〕日夜來。安得輕風掃微靄，振衣〔四〕直上赫羲臺。

【編年】

此詩正德三年（1508）作於湖南長沙。

【校注】

〔一〕赫羲臺：在嶽麓山，乃朱熹命名。《光緒湖南通志》卷三十二：「赫羲臺，在（善化）縣嶽麓山。朱子嘗改嶽麓山頂曰『赫羲』，亦以名臺。」〔註28〕

〔二〕嶽麓：即嶽麓山，也叫作麓山。在湖南省長沙市郊，湘江西岸，因當衡山之足，故以麓名。山上有晉代修建的麓山寺，山下有嶽麓書院。唐‧李咸用《夏日別余秀才》：「嶽麓雲深麥雨秋，滿傾杯酒對湘流。」宋‧陳傅良《潭帥潘德鄜生辰》：「嶽麓沉沉秋柝靜，湘波穆穆夜帆遲。」

〔三〕瀟湘：湘江與瀟水的並稱，多借指今湖南地區。唐‧杜甫《去蜀》：「五載客蜀郡，一年居梓州；如何關塞阻，轉作瀟湘遊？」宋‧張孝祥《水調歌頭‧送劉恭父趨朝》：「歸輔五雲丹陛，回首楚樓千里，遺愛滿瀟湘。」

〔四〕振衣：抖衣去塵，整理衣服。《楚辭‧漁父》：「新沐者必彈冠，新浴者必振衣。」王逸注：「去塵穢也。」晉‧陸機《招隱詩》：「明發心不夷，振衣聊躑躅。」

〔註27〕束景南《陽明佚文輯考編年》，第259頁。
〔註28〕束景南《陽明佚文輯考編年》，第260頁。

贈龍以昭隱君〔一〕

　　長沙有翁號頤真，鄉人共稱避世士。自言龍逢〔二〕之後嗣，早歲工文頗求仕。中年忽慕伯夷風，脫棄功名如敝屣〔三〕。似翁含章良可貞〔四〕，或從王事應有子。

【編年】

　　此詩正德三年（1508）作於湖南長沙。

【校注】

　〔一〕龍以昭：龍時熙，號頤真。《乾隆長沙府志》卷二十八：「龍時熙，字以昭，攸縣人。剛正不屈。少寓金陵，有少婦暮行失釵，夫疑贈人，適時熙拾而還之，夫疑贈釋。湛甘泉、王陽明皆高其行。」〔註29〕

　〔二〕龍逢：關龍逢。夏之賢人，因諫而被桀所殺，後用為忠臣之代稱。《莊子·胠篋》：「昔者龍逢斬、比干剖。」唐·韓愈《通解》：「故龍逢哀天下之不仁，睹君父百姓入水火而不救，於是進盡其言，退就割烹。」

　〔三〕敝屣：破爛的鞋子，表示輕視。《孟子·盡心上》：「舜視棄天下猶棄敝蹝也。」南朝·陳徐陵《梁禪陳策文》：「居之如馭朽索，去之如脫敝屣。」

　〔四〕含章：包含美質。「含章良可貞」一語化自《周易·坤卦》：「六三，含章可貞。」孔穎達疏：「章，美也。」宋·司馬光《體要疏》：「夫豈皆習見成俗以為當然，其亦有含章懷寶，待唱而發者也。」

弔易忠節公墓〔一〕

　　金石〔二〕心肝熊豹姿〔三〕，煌煌大節〔四〕繫人思。長風撼樹聲悲壯，仿佛當年罵賊時。

【編年】

　　此詩正德三年（1508）作於湖南嶽陽。

【校注】

　〔一〕易忠節公：易先，字太初，湘陰人。據束景南《陽明佚文輯考編年》考證《湘陰易氏族譜》首卷二著錄有《忠節公墓志銘》：「易公忠節，瑄同邑之先達也。守諒山，政平民和，……會黎利寇陷諸城，諒山大震。公誓眾守城，無有異

〔註29〕束景南《陽明佚文輯考編年》，第 261 頁。

心。數月餘，增兵攻愈疾，食盡失窮，求援不至，城陷，公自經。」〔註30〕

〔二〕金石：常用以比喻事物的堅固、剛強，心志的堅定、忠貞。《荀子・勸學》：「鍥而舍之，朽木不折；鍥而不舍，金石可鏤。」《後漢書・獨行傳序》：「或志剛金石，而剋扞於強禦。」宋・楊萬里《程泰之尚書龍學輓詞》：「相逢便金石，一別幾春秋。」

〔三〕熊豹姿：熊和豹的姿態，比喻十分地勇猛剛強。唐・韓愈《送張道士》：「張侯・嵩南來，面有熊豹姿。」宋・黃庭堅《戲答歐陽誠發奉議謝余送茶歌》：「歐陽子，出陽山，山奇水怪有異氣，生此突兀熊豹顏。」

〔四〕大節：臨難不苟的節操。唐・吳兢《貞觀政要・忠義》：「姚思廉不懼兵刃，以明大節，求諸古人，亦何以加也！」宋・文天祥《自歎》：「王蠋高風真可挹，魯連大節豈容磨。」

晚泊沅江

古洞何年隱七仙〔一〕，仙踪欲扣竟茫然。惟餘洞口桃花樹，笑倚東風自歲年。

【編年】

此詩正德三年（1508）作於湖南常德。

【校注】

〔一〕七仙：指七仙洞，在龍源縣。清・顧祖禹《讀史方輿紀要》卷九十七：「七仙洞，在縣東數里。洞有三，皆寬廣，其一尤深，杳不可測。」《嘉靖常德府志》卷二：「七仙洞，（沅江）縣北一里。」

棲霞山〔一〕

宛宛〔二〕南明水〔三〕，回旋抱此山。解鞍夷〔四〕曲磴，策杖列禪關〔五〕。薄霧侵衣濕，孤雲入座閑。少留心已寂，不信在烏蠻〔六〕。

【編年】

此詩正德三年（1508）作於貴州貴陽。

【校注】

〔一〕棲霞山：《乾隆貴州通志》：「棲霞山，在城東五里，山腹有洞曰霞山仙洞。明

〔註30〕束景南《陽明佚文輯考編年》，第263頁。

王守仁、郭子章俱有詩。」清・顧祖禹《讀史方輿紀要》：「棲霞山，在府東七里，山半有來仙洞。」《嘉慶大清一統志》：「棲霞山，在府城東五里，一名東山，翠巘崔嵬，峭壁千仞，名山勝概記山半有洞，曰來仙。」

〔二〕宛宛：指河流蜿蜒曲折的樣子。明・何景明《過馬溪田村居》：「宛宛清河曲，團團翠竹村。」

〔三〕南明水：《乾隆貴州通志》卷五：「南明河，在城南門外，源出廣順州，界東北流經郡城至下流為牛渡河至巴香北流合烏江通思南府入蜀涪州界合岷江。」

〔四〕夷：指愉快、愉悅。《爾雅・釋言》：「恞，悅也。」陸德明釋文：「恞，本作夷。」《詩經・商頌・那》：「我有嘉賓，亦不夷懌。」毛傳：「夷，說也。」朱熹注：「夷，悅也。亦不夷懌者，言皆悅懌也。」

〔五〕禪關：禪門。唐・李白《化城寺大鐘銘》：「方入於禪關，睹天宮崢嶸，聞鐘聲瑣屑。」宋・梅堯臣《會善寺》：「琉璃開淨界，薜荔啟禪關。」

〔六〕烏蠻：古代西南少數民族的稱呼。唐・杜甫《秋日夔府詠懷》：「絕塞烏蠻北，孤城白帝邊。」《新唐書・南蠻傳上・南詔上》：「南詔……本哀牢夷後，烏蠻別種也。」宋・陸游《通判夔州謝政府啟》：「惟是魚復之故城，雖號烏蠻之絕塞，乃如別駕，實類閒官。」

龍岡謾書

子規晝啼蠻日荒，柴扉寂寂春茫茫。北山之薇應笑汝，汝胡局促〔一〕淹他方？彩鳳〔二〕葳蕤〔三〕臨紫蒼，予亦鼓棹還滄浪。只今已在由求〔四〕下，顏閔〔五〕高風安可望。

【編年】

此詩正德四年（1509）作於貴州龍場。

【校注】

〔一〕局促：形容受束縛而不得舒展。《後漢書・仲長統傳》：「六合之內，恣心所欲。人事可遺，何為局促？」唐・杜甫《送樊侍御赴漢中判官》：「徘徊悲生離，局促老一世。」宋・陸游《黃州》：「局促常悲類楚囚，遷流還嘆學齊優。」

〔二〕彩鳳：即鳳凰。唐・李商隱《無題》：「身無彩鳳雙飛翼，心有靈犀一點通。」

〔三〕葳蕤：羽毛飾物。《漢書・司馬相如傳上》：「下摩蘭蕙，上拂羽蓋；錯翡翠之葳蕤，繆繞玉綏。」顏師古注：「葳蕤，羽飾貌。」宋・沈遘《贈李審言》：

「使節葳蕤出漢宮，我方受瑞守江東。」

〔四〕由求：孔子弟子子路與冉有的並稱。由，子路。求，冉有。宋・楊萬里《寄題張欽夫春風樓》：「向來沂上瑟聲希，由求相顧只心知。」

〔五〕顏閔：孔子弟子顏回和閔損的並稱。晉・阮籍〈詠懷詩〉：「被褐懷珠玉，顏閔相與期。」呂延濟注：「顏回、閔子騫皆孔子弟子。」唐・劉商《哭韓淮端公兼上崔中丞》：「儒風久淪弊，顏閔壽不長。」

觀音山〔一〕

煙鬟霧鬢〔二〕動青波，野老傳聞似普陀〔三〕。那識其中真色相〔四〕，一輪明月照青螺〔五〕。

【編年】

此詩正德五年（1510）作於湖南辰溪。

【校注】

〔一〕觀音山：《雍正湖廣通志》卷十二：「觀音山，在（辰溪）縣南。明王守仁《觀音山》詩。」

〔二〕煙鬟霧鬢：本義用來形容女性的鬢髮美麗，此處為形容雲霧繚繞的峰巒。宋・辛棄疾《遊武夷作棹歌呈晦翁十首》其三：「玉女峰前一棹歌，煙鬟霧鬢動清波。遊人去後楓林夜，月滿空山可奈何。」

〔三〕普陀：普陀山，中國佛教四大名山之一。在今浙江省普陀縣，屬舟山群島。

〔四〕色相：佛教語，亦作「色象」，指萬物的形貌。《涅槃經・德王品四》：「（菩薩）示現一色，一切眾生各各皆見種種色相。」唐・白居易《感芍藥花寄正一丈人》：「開時不解比色相，落後始知如幻身。」

〔五〕青螺：比喻青山。唐・劉禹錫《望洞庭》：「遙望洞庭山水翠，白銀盤裏一青螺。」

過安福

歸興長時切，淹留直到今。含羞〔一〕還屈膝〔二〕，直道愧初心。世事應無補，遺經尚可尋。清風彭澤令，千載是知音。

【編年】

此詩正德五年（1510）作於江西吉安。

【校注】

〔一〕含羞：指含羞忍辱，忍受羞辱。唐・杜牧《感懷》：「如何七十年，汗簌含羞
　　　恥。」

〔二〕屈膝：本義指下跪。《淮南子・氾論訓》：「夫君臣之接，屈膝卑拜，以相尊禮
　　　也。」此處引申為跪拜之禮。

遊焦山次邃庵韻三首

【編年】

　　此組詩正德六年（1511）作於江蘇鎮江。

　　焦山，《乾隆江南通志》卷十三：「焦山，在府東北九里大江中，舊傳以
東漢焦光隱此得名。」

　　其一

　　長江二月春水生，坐沒洲渚浮太清。勢挾驚風振孤石，氣噴濁浪搖
空城。海門青覘楚山小，天末〔一〕翠飄吳樹平。不用凌飆躡圓嶠〔二〕，
眼前魚鳥俱同盟。

【校注】

〔一〕天末：天的盡頭，指極遠的地方。漢・張衡《東京賦》：「眇天末以遠期，規
　　　萬世而大摹。」唐・杜甫《天末懷李白》：「涼風起天末，君子意如何？」

〔二〕圓嶠：傳說中的仙山，常指隱士、神仙所居之地。唐・顧況《送從兄使新羅》：
　　　「幾路通圓嶠，何山是沃焦？」唐・陸龜蒙《四明山詩經・石窗》：「山應列
　　　圓嶠，宮便接方諸。」

　　其二

　　倚雲東望曉溟溟，江上諸峰數點萍。漂泊轉慚成竊祿〔一〕，幽棲終
擬抱殘經。巖花入暖新凝紫，壁樹懸江欲墮青。春水特深埋鶴地，又隨
斜日下江亭。

【校注】

〔一〕竊祿：猶言無功受祿，多用於自謙。唐・杜荀鶴《自敘》：「寧為宇宙閒吟客，
　　　怕作乾坤竊祿人。」宋・曾鞏《高陽池》：「獨慚曠達意，竊祿誠已卑。」

　　其三

　　扁舟乘雨渡青山，坐見晴沙漲幾灣。高宇墮江撐獨柱，長流入海振

重關。北來宮闕參差見，東望蓬瀛〔一〕縹緲間。奔逐終年何所就，端居〔二〕翻覺愧僧閑。

【校注】

〔一〕蓬瀛：蓬萊和瀛洲。神山名，相傳為仙人所居之處。晉·葛洪《抱朴子·對俗》：「或委華駟而彎蛟龍，或棄神州而宅蓬瀛。」唐·許敬宗《遊清都觀尋沈道士得清字》：「幽人蹈箕潁，方士訪蓬瀛。」

〔二〕端居：謂平常居處。唐·孟浩然《臨洞庭贈張丞相》：「欲濟無舟楫，端居恥聖明。」

聽潮軒

水心龍窟只宜僧，也許詩人到上層。江日迎人明白帽，海風吹醉掞枯藤。鯨波〔一〕四面長疑動，鼇背〔二〕千年恐未勝。王氣金陵真在眼，坐看西北亦誰曾？

【編年】

此詩正德六年（1511）作於江蘇鎮江。

聽潮軒，在金山。據束景南《陽明佚文輯考編年》引張萊《京口三山志》卷一：「聽潮軒，在靈觀閣下，景泰間僧弘霑建，太常卿程南雲篆額。成化年間僧安溥重修。」〔註31〕

【校注】

〔一〕鯨波：猶言驚濤駭浪。唐·杜甫《舟出江陵南浦奉寄鄭少尹詩》：「溟漲鯨波動，衡陽雁影徂。」

〔二〕鼇背：亦作「鰲背」，借指大海。唐·劉禹錫《送源中丞充新羅冊立使》：「煙開鰲背千尋碧，日涼鯨波萬頃金。」

崇玄道院

逆旅〔一〕崇玄幾度來，主人聞客放舟回。小山花木添新景，古壁詩篇拂舊埃。老去鬚眉能雪白，春還消息待梅開。松堂一宿殊匆遽〔二〕，擬傍駕湖築釣臺。

【編年】

此詩正德六年（1511）作於浙江嘉興。

《光緒嘉興府志》卷十八：「崇玄道院，在（嘉興）縣東一里。宋咸淳丁卯，里人徐寔甫捨宅，道士趙一休創建。明洪武初，地產靈芝，建玄瑞堂。永樂癸未，道士朱道珍修。辛丑，增建玄帝殿。成化間，道士朱養中等重修。」

【校注】

〔一〕逆旅：客舍、旅館。《左傳・僖公二年》：「今虢為不道，保於逆旅。」西晉・杜預注：「逆旅，客舍也。」晉・陶潛《雜詩》其七：「家為逆旅舍，我如當去客。」

〔二〕匆遽：亦作「匆劇」，匆忙急促。唐・裴鉶《傳奇・崔煒》：「崔子既來，皆是宿分，何必匆遽，幸且淹駐。」宋・徐霖《西城亭餞趙架閣》：「夜闌秉燭匆匆劇，賴有梅花生短吟。」

彰孝坊

金楚維南屏，賢王〔一〕更令名〔二〕。日星昭渙汗〔三〕，雨雪霽精誠。端禮巍巍地，靈泉脈脈情。他年青史上，無用數東平〔四〕。

【編年】

此詩正德六年（1511）作於京師。

詩見《嘉靖湖廣圖經志書》卷一，陽明在京親聞武宗御筆「彰孝」金匾與建彰孝坊事。吳廷舉於陽明此詩下注云：「王守仁，餘姚人，都御史。」彰孝坊，在王府端禮門外大街中。今王（束景南按：端王榮㴉）為世子時，克孝於親，臣上交奏，勅賜今王。〔註32〕

【校注】

〔一〕賢王：指端王榮㴉。

〔二〕令名：美好的聲譽。《左傳・襄公二十四年》：「僑聞君子長國家者，非無賄之患，而無令名之難。」宋・司馬光《與王介甫書》：「方正日疏，諂諛日親，而望萬事之得其宜，令名之施四遠，難矣！」

〔三〕渙汗：喻帝王的聖旨、號令。《宋書・范泰傳》：「是以明詔爰發，已成渙汗，學制既下，遠近遵承。」宋・王安石《免參政上兩府啟》：「雖已陳情而懇避，

猶疑渙汗之難迴。」

〔四〕東平：指東平王劉蒼。南朝・梁・劉勰《文心雕龍・時序》：「東平擅其懿文，沛王振其《通論》。」《後漢書・東平憲王蒼傳》：「（漢明帝永平）十五年春行幸東平……帝以所作《光武本紀》示蒼，蒼因上《光武受命中興頌》，帝甚善之。」後因以「東平獻頌」為宗室歌頌帝德的典實。

與諸門人夜話

翰苑〔一〕爭誇仙吏班，更兼年少出塵寰。敷珍〔二〕摛藻〔三〕依天仗〔四〕，載筆〔五〕抽毫〔六〕近聖顏。大塊文章〔七〕宗哲〔八〕匠，中原人物仰高山。譚經〔九〕無事收衙蚤，得句嘗吟對酒間。羽飛皦雪迎雙鶴，硯洗玄雲〔十〕注一灣。諸生北面能傳業，吾道東來可化頑。久識金甌〔十一〕藏姓字，暫違玉署〔十二〕寄賢關。通家自愧非文舉，浪許登龍任往還。

與諸門人夜話，陽明山人王守仁。

【編年】

此詩正德七年（1512）作於京師。

【校注】

〔一〕翰苑：翰林院的別稱，指文翰薈萃之處。唐・王勃《上武侍極啟》：「攀翰苑而思齊，儳文風而立志。」

〔二〕敷珍：謂陳設珍寶，比喻鋪陳善道或精義。《禮記・儒行》：「儒有席上之珍以待聘」鄭玄注：「席猶鋪陳也。鋪陳往古堯・舜之善道以待見問也」晉・潘岳《於賈謐坐講漢書》：「筆下摛藻，席上敷珍。前疑既辨，舊史惟新。」

〔三〕摛藻：鋪陳辭藻，意謂施展文才。漢・班固《答賓戲》：「雖馳辯如濤波，摛藻如春華，猶無益於殿最也。」唐・虞世南《門有車馬客行》：「高談辨飛兔，摛藻握靈蛇。」

〔四〕天仗：天子的儀衛，借指天子。唐・沈佺期《白蓮花亭侍宴應制》：「九日陪天仗，三秋幸禁林。」

〔五〕載筆：攜帶筆墨書具以記錄王事。《禮記・曲禮上》：「史載筆，士載言。」鄭玄注：「筆，謂書具之屬。」孔穎達疏：「史，謂國史，書錄王事者。王若舉動，史必書之；王若行往，則史載書具而從之也。」南朝・齊・謝朓《始出尚書省》：「趨事辭宮闕，載筆陪旌棨。」

〔六〕抽毫：抽筆出套，借指寫作。唐・吳融《壬戌歲閿鄉卜居》：「六載抽毫侍禁闥，不堪多病決然歸。」明・李東陽《廷韶文敬聯句見寄疊前韻》：「日長秋館罷抽毫，自在閒庭落塵毛，忽有詞章傳二妙，敢將名姓託三豪。」

〔七〕大塊文章：原指大自然錦繡般美好的景色。典出唐・李白《春夜宴從弟桃李園序》：「況陽春召我以煙景，大塊假我以文章。」後用以讚美別人內容豐富的長篇文章。

〔八〕宗哲：指皇族中之賢能者。晉・劉琨《勸進元帝表》之三：「社稷時難，則戚藩定其傾；郊廟或替，則宗哲纂其祀。」

〔九〕譚經：講論佛經。唐・皮日休《奉和魯望寒夜訪寂上人次韻》：「陶潛見社無妨醉，殷浩譚經不廢吟。」

〔十〕玄雲：指墨。宋・蘇軾《和范子功月石硯屏》：「紫潭出玄雲，翳我潭中星。」王十朋集注引趙次公曰：「紫潭言硯，玄雲言墨也。」金・元好問《賦澤人郭唐臣所藏山谷洮石研》：「玄雲膚寸天下遍，壁水直上文星高。」

〔十一〕久識金甌藏姓字：金甌覆字，指皇帝任相。唐・李德裕《次柳氏舊聞》：「玄宗善八分書，將命相，先以御體書其姓名，置案上。會太子入視，上舉金甌覆其名，以告之曰：『宰相名，汝庸能知之乎？』」宋・張元幹《望海潮・為富樞生朝壽》詞：「琳館奉祠，金甌覆字，和羹妙手還新。」

〔十二〕玉署：指玉堂，翰林院別稱。唐・吳融《聞李翰林遊池上有寄》：「花飛絮落水和流，玉署詞臣奉詔遊。」元・鄧元原《賀聖節表》：「名叨玉署，目極璇霄。」

寶林寺

　　怪山何日海邊來，一塔高懸拂斗臺。面面晴峰雲外出，迢迢白水〔一〕鏡中開。招提〔二〕半廢空獅象，亭館全頹蔚草萊。落日晚風無限恨，荒臺石上幾徘徊。

【編年】

　　此詩正德八年（1513）作於浙江紹興。詩見《乾隆紹興府志》卷三十八：「寶林寺，在府南二里二百二十二步。」〔註33〕

【校注】

〔一〕白水：指白水山。《萬曆紹興府志》卷五：「白水山，在縣西南六十里，是西

四明山壁峭立其上，有泉四十二道，投空而下，其色如練，冬夏不絕，是曰
白水，亦名瀑布泉。」

〔二〕招提：指僧舍。南朝・宋・謝靈運《答范光祿書》：「即時經始招提，在所住
山南。」《舊唐書・武宗紀》：「寺宇招提，莫知紀極，皆云構藻飾，僭擬宮
居。」唐・杜甫《遊龍門奉先寺》詩「已從招提遊，更宿招提境。」

烏斯道春草齋集題辭

緬想先生每心折〔一〕，論其文章並氣節。群芳有萎君不朽，削盡鉛
華〔二〕無銷歇〔三〕。

【編年】

此詩寫作時間待考，依束景南先生考證，暫定於正德八年（1513）。

烏斯道，字繼善，號春草。長於詩文，精善書畫。《春草齋集》卷十二：
「烏永新斯道，字繼善，慈溪人，自幼學文於夢堂噩公，得修道胡先生之傳，
宋景濂稱其有法。國初，以薦起，知化之石龍縣，調吉之永新，以疾去官。尤
精楷法。罷官後，求詩及書者，戶限常滿。」

【校注】

〔一〕心折：心裏佩服，點頭同意。形容欽佩讚許之至。

〔二〕鉛華：指作畫、寫字用的顏料，引申為圖畫或文字。唐・張彥遠《歷代名畫
記・論畫體工用拓寫》：「武昌之扁青，蜀郡之鉛華。」

〔三〕銷歇：消失。南朝・宋・鮑照《行樂至城東橋》：「容華坐銷歇，端為誰苦辛。」
一本作「消歇」。唐・白居易《續古詩》之五：「客光未鎖歇，歡愛忽蹉跎。」

題陳瓚所藏雁唧蘆圖詩

西風一夜蘆雲秋，千里歸來憶壯遊〔一〕。羽翼平沙〔二〕應養健，知
君不為稻粱謀〔三〕。

【編年】

此詩寫作時間待考，依束景南先生考證，暫定於正德八年（1513）。

【校注】

〔一〕壯遊：謂懷抱壯志而遠遊。元・袁桷《送文子方著作受交趾使於武昌二十
韻》：「壯遊詩句豁，古戍角聲悲。」

〔二〕平沙：指廣闊的沙原。南朝・梁・何遜《慈姥磯》：「野雁平沙合，連山遠霧
　　　浮。」唐・張仲素《塞下曲》：「朔雪飄飄開雁門，平沙歷亂轉蓬根。」宋・
　　　張孝祥《水調歌頭・桂林集句》：「平沙細浪欲盡，陡起忽千尋。」

〔三〕稻粱謀：本指禽鳥尋覓食物，多用以比喻人謀求衣食。唐・杜甫《同諸公登
　　　慈恩寺塔》：「君看隨陽雁，各有稻粱謀。」宋・王安石《送惠思上人》：「因
　　　知網羅外，猶有稻粱謀。」

別諸伯生

　　予妻之姪諸陞伯生將遊嶽麓，爰訪舅氏，酌別江滸，寄懷於言。

　　風吹大江秋，行子適萬里。萬里豈不遙，眷言懷舅氏。朝登嶽麓雲，
暮宿湘江水〔一〕。湘江秋易寒，嶽雲夜多雨。遠客雖有依，異鄉非久止。
歲宴山陰雪，歸橈〔二〕正遲爾。

　　正德甲戌十月初三日，陽明居士伯安書於金陵之靜觀亭。至長沙見
道巖，遂出此致意也。

【編年】

　　此詩正德九年（1514）作於江蘇南京。

【校注】

〔一〕暮宿：夜晚寄宿。宋・朱熹《遠遊篇》：「朝登南极道，暮宿臨太行。」

〔二〕歸橈：猶歸舟。唐・戴叔倫《戲留顧十一明府》：「未可動歸橈，前程風浪急。」
　　　宋・陸游《寄子虡》：「人事不可料，邑民挽歸橈。」

夢遊黃鶴樓奉答鳳山院長

　　扁舟隨地成淹泊〔一〕，夜向磯頭夢黃鶴。黃鶴之樓高入雲，下臨風
雨翔寥廓。長江東來開禹鑿〔二〕，巫峽天邊一絲絡。春陰水闊洞庭野，
斜日帆收漢陽閣。參差遙見九疑峰，中有嶜嶪〔三〕重華宮。蒼梧雲接黃
陵〔四〕雨，千年尚覺精誠通。忽聞孤雁叫湖水，月映鐵笛橫天風。丹霞
閃映雙玉童，醉擁白髮非仙翁。仙翁呼我金閨彥〔五〕，爾骨癯然仙已
半。胡為尚局風塵中，不屑刀圭〔六〕生羽翰〔七〕？覺來枕簟失煙霞，江
上清風人不見。故人仗鉞〔八〕鎮湖襄，幾歲書來思會面。公餘登眺賦清
詞，醉墨頻勞寫湘練。寫情投報媿瓊瑤，皦皦秋陽濯江漢〔九〕。

【編年】

此詩正德十年（1515）作於京師。

據束景南《陽明佚文輯考編年》：「鳳山院長即秦金，字國聲，號鳳山，無錫人。時任都察院右副使都御史，巡撫湖廣，故稱『鳳山院長』。《明史》卷一百九十四有傳。」〔註34〕

【校注】

〔一〕淹泊：停留，滯留。唐・白居易《觀稼》：「愧茲勤且敬，藜杖為淹泊。」宋・張九成《秋興》：「嗟我遊已倦，悵此久淹泊。」

〔二〕禹鑿：即禹穴，在今浙江省紹興之會稽山。《史記・太史公自序》：「二十而南遊江、淮，上會稽，探禹穴。」裴駰集解引張晏曰：「禹巡狩至會稽而崩，因葬焉。上有孔穴，民閒云禹入此穴。」唐・李白《越中秋懷》：「何必探禹穴，逝將歸蓬丘。」

〔三〕嶂巘：高聳。宋・李綱《乞罷尚書左僕射第二表》：「名城堅壘，業嶂相望；高山大川，蟠互交鎖。」

〔四〕黃陵：在湖南省湘陰縣北，濱洞庭湖，傳說舜二妃墓在其上。有黃陵亭、黃陵廟。唐・李商隱《哭劉蕡》：「黃陵別後春濤隔，湓浦書來秋雨翻。」唐・李商隱《哭劉司戶蕡》：「江闊惟迴首，天高但撫膺。去年相送地，春雪滿黃陵。」

〔五〕金閨彥：南朝・梁・江淹《別賦》：「金閨之諸彥，蘭臺之群英。」後以「閨彥」指才能傑出之士。唐・杜甫《贈李白》：「李侯金閨彥，脫身事幽討。」

〔六〕刀圭：指藥物。唐・王績《採藥》：「且復歸去來，刀圭輔衰疾。」唐・白居易《謝李六郎中寄新蜀茶》：「湯添勺水煎魚眼，末下刀圭攪曲塵。」

〔七〕羽翰：飛翔，飛升。唐・李紳《華頂》：「浮生未有從師地，空誦仙經想羽翰。」

〔八〕仗鉞：手持黃鉞，表示將帥的權威。引申指統帥軍隊。《三國志・吳志・孫堅傳》：「古之名將，仗鉞臨眾，未有不斷斬以示威者也。」唐・杜甫《北征》：「桓桓陳將軍，仗鉞奮忠烈。」

〔九〕皜皜秋陽濯江漢：光明潔白的樣子。《孟子・滕文公上》：「江漢以濯之，秋陽以暴之，皜皜乎不可尚已。」

〔註34〕束景南《陽明佚文輯考編年》，第403頁。

奉壽西岡羅老先生尊丈

早賦歸來意灑然，螺川〔一〕猶及拜詩篇。高風山斗長千里，道貌冰霜又幾年。曾與眉蘇〔二〕論世美，真從程洛〔三〕溯心傳。西岡自並南山壽〔四〕，姑射無勞更問仙。

陽明山人侍生王守仁頓首稿上，時正德丙子季春望後九日也。

【編年】

此詩正德十一年（1516）作於江蘇南京。

詩真跡藏於上海博物館，計文淵《王陽明法書集》著錄。西岡，在吉安泰和，羅欽順祖居所在，羅欽順父羅用俊因以為號，故此詩所壽西岡羅老先生即羅欽順父羅用俊。正德十一年為羅用俊八十大壽，陽明此詩即作於此時。〔註35〕

【校注】

〔一〕螺川：即螺川驛，《萬曆吉安府志》卷十四：「螺川驛，在（廬陵縣）遞運所右。」

〔二〕眉蘇：指三蘇，蘇洵、蘇軾、蘇轍。因其祖籍為眉州眉山人，故稱眉蘇。此處有所專指蘇軾。宋·蘇軾《次韻子由使契丹至涿州見寄》其三：「氈毳年來亦甚都，時時缺舌問三蘇。」宋·王闢之《澠水燕談錄·才識》：「嘉祐初，（蘇洵）與二子軾、轍至京師……於是父子名動京師，而蘇氏文章擅天下，目其文曰三蘇，蓋洵為老蘇，軾為大蘇，轍為小蘇也。」

〔三〕程洛：指二程，程頤、程顥。因其為河南洛陽人，故稱程洛。

〔四〕南山壽：典出《詩經·小雅·天保》：「如南山之壽，不騫不崩。」孔穎達疏：「天定其基業長久，且又堅固，如南山之壽。」後用為人祝壽之詞。唐·李白《春日行》：「小臣拜獻南山壽，陛下萬古垂鴻名。」

寄滁陽諸生二首

【編年】

此組詩正德十一年（1516）作於江蘇南京。

其一

一別滁山便兩年，夢魂常是到山前〔一〕。依稀山路還如舊，只奈迷

茫草樹煙。

【校注】

〔一〕夢魂：宋·陸游《客意》：「蝴蝶夢魂常是客，芭蕉身世不禁秋。」宋·周紫
　　芝《得木犀》：「折得秋芳香滿袖，夢魂常繞故山前。」

其二

歸去滁山好寄聲〔一〕，滁山與我最多情。而今山下諸溪水，還有當
時幾派清。

【校注】

〔一〕寄聲：托人傳話。《漢書·趙廣漢傳》：「界上亭長寄聲謝我，何以不為致問？」
　　唐·韓愈《送李員外院長分司東都》：「兩地無千里，因風數寄聲。」

憶滁陽諸生

滁陽姚老將〔一〕，有古孝廉風。流俗無知者，藏身隱市中。

【編年】

此詩正德十一年（151）作於江蘇南京。

【校注】

〔一〕姚老將：當是指姚瑛。《光緒滁州志》卷七之二：「姚成，唐姚鳳裔。洪武初，
　　扈駕渡江。後討川廣凱捷，上授滁州衛指揮使。卒諡『忠懿』，傳世職。萬曆
　　間（按：當作正德間），瑛襲爵居家，以孝友著。蒞官多政績，漕撫都御史蔡
　　公上其事，慾大用之。詔至，瑛以母老致仕，闔門不出，日與其弟稱觴母前。
　　時太僕寺卿王陽明先生與瑛交最善，贈以詩云：『滁陽姚老將，有古孝廉風。
　　流俗無知者，藏身隱市中。』」〔註36〕

鐵松公詩贊

平生心迹兩相奇，誰信雲臺重釣絲〔一〕。性僻每窮詩景〔二〕遠，身
閑贏得鬢霜遲〔三〕。

【編年】

此詩正德十一年（1516）作於浙江餘姚。

〔註36〕束景南《陽明佚文輯考編年》，第 434～435 頁。

據束景南考證，鐵松公即蔣澤，字民望，號鐵松。生於正統四年正月十五日，卒於嘉靖五年八月二十八日。有《鐵松集》《治世吟》《中城詩集》《癡翁晚稿》等。詩為陽明祝蔣澤八十壽辰而作〔註37〕。

【校注】

〔一〕釣絲：垂釣所用的線。唐・杜甫《重過何氏》其三：「翡翠鳴衣桁，蜻蜓立釣絲。」宋・陸游《舟中對舟》：「江空裊裊釣絲風，人靜翩翩葛巾影。」

〔二〕詩景：富有詩意的景色，優美的景色。唐・朱慶餘《杭州盧錄事山亭》：「山色滿公署，到來詩景饒。」唐・朱慶餘《送唐中丞開淘西湖夏日遊泛因書示郡人》：「空餘孤嶼來詩景，無復橫槎礙柳條。」

〔三〕唐・司空圖《贈圓昉公》：「道勝嫌名出，身閑覺老遲。」

遊南岡寺

古寺迴雲麓，光含遠近山。苔痕侵履濕，花影〔一〕照衣斑。宦況〔二〕隨天遠，歸思〔三〕對石頑〔四〕。一身惕夙夜，不比老僧閑。

【編年】

此詩正德十二年（1517）作於江西吉水。

南岡寺，在江西吉水縣。《雍正江西通志》卷一百二十：「南岡寺，在吉水縣東，古孝儀寺。唐寶曆三年，性空禪師創。宋紹聖中，黃庭堅延青原山，惟信禪師主法席。」

【校注】

〔一〕花影：宋・真山民《聖果院訪忠上人不值》：「苔痕一徑白雲濕，花影半窗紅日低。」宋・章粲《秋日懷松溪趙宰經父》：「花影晝簾閒，苔痕秋徑寂。」

〔二〕宦況：仕途的境況。宋・李新《夜坐有感並簡與訥教授》：「三年宦況秋蕭瑟，一枕時情夢戰爭。」元・方夔《雜興》：「一點眉黃無宦況，五分頭白總詩愁。」

〔三〕歸思：歸隱的念頭。晉・陶潛《始作鎮軍參軍經曲阿作》：「眇眇孤舟遊，綿綿歸思紆。」元・薩都剌《送張都臺還京》：「而今江海多歸思，白髮慈親暮倚閭。」

〔四〕石頑：唐・韓愈《雪後寄崔二十六丞公》：「朝歠暮啗不可解，我心安得如石頑。」

題察院時雨堂

三代王師不啻過，來蘇〔一〕良足慰童皤〔二〕。陰霾巖谷雷霆迅，枯槁郊原雨澤多。紆策頓能清海岱〔三〕，洗兵真見挽天河〔四〕。時平復有豐年慶，滿聽農歌答凱歌。

【編年】

此詩正德十二年（1517）作於上杭。

【校注】

〔一〕蘇：蘇息、緩解。《方言》卷十：「悅、舒，蘇也。」郭璞注：「謂蘇息也。」《書·仲虺之誥》：「予後，後來其蘇。」孔傳：「待我君來，其可蘇息。」陸德明釋文：「蘇，字亦作穌。」唐·杜甫《江漢》：「落日心猶壯，秋風病慾蘇。」

〔二〕童皤：指孩童和老人，泛指大眾百姓。

〔三〕清海岱：海岱指東海與泰山之間的地方，引申為四海之內。海岱清士，指海內的清正廉潔的人。唐·杜甫《洗兵馬》：「已喜皇威清海岱，常思仙仗過崆峒。」

〔四〕洗兵真見挽天河：唐·杜甫《洗兵馬》：「安得壯士挽天河，淨洗甲兵長不用。」

感夢有題

夢中身拜五雲□，□□家人婦子懷。犬馬有心知戀主〔一〕，孤寒〔二〕無路可為階。風塵滿眼誰能息？竽瑟三年我自乖。默愧無功成老大，退休爛醉是生涯。

【編年】

此詩正德十二年（1517）作於福建汀州。

【校注】

〔一〕犬馬有心知戀主：三國·魏·曹植《上責躬應詔詩表》：「踊躍之懷，瞻望反側，不勝犬馬戀主之情。」後以犬馬戀主，比喻臣下眷懷君上。南朝·宋·鮑照《從臨海王上荊初發新渚》：「狐兔懷窟志，犬馬戀主情。」

〔二〕孤寒：指出身低微。《晉書·陳頵傳》：「頵以孤寒，數有奏議，朝士多惡之，出除譙郡太守。」宋·歐陽修《論班行未有舉薦之法札子》：「其間雖容時有濫冒，然孤寒有才行之人，亦往往獲進。」

遊羅田巖懷濂溪先生遺詠詩

　　路轉羅田一徑微，吟鞭〔一〕敲到白雲扉。山花笑午留人醉，野鳥啼春傍客飛〔二〕。混沌鑿來塵劫〔三〕老，姓名空在舊遊非。洞前唯有元公草〔四〕，襲我餘香滿袖歸。

【編年】

　　此詩正德十二年（1517）作於江西雩都。

　　羅田巖，在江西雩都。《雍正江西通志》卷五十六：「羅田巖，在雩都縣南五里，一名善山，兩旁巖岫空洞交通。宋嘉祐間，周元公敦頤倅虔，遊此賦詩，縣令沈希顏因建濂溪閣。明邑人何春更闢觀善巖，王守仁為之說。巖西有別一洞天，其左曰仕學山房，巖壁有岳飛、文天祥題句。」

【校注】

　〔一〕吟鞭：詩人的馬鞭，多以形容行吟的詩人。宋·方岳《訪張居卿不值》：「與客敲門野竹邊，蹇驢何許兀吟鞭。」元·薩都剌《九日登石頭城》：「九日吟鞭住石頭，翠微高處倚晴秋。」

　〔二〕野鳥啼春傍客飛：南北朝·庾信《奉和趙王隱士詩》：「野鳥繁弦囀，山花焰火然。」宋·曾晞顏《重遊臨武秀巖》其二：「野鳥避人猶巧語，山花向日盡遲開。」

　〔三〕塵劫：佛教稱一世為一劫，無量無邊劫為塵劫。後亦泛指塵世的劫難。《楞嚴經》卷一：「縱經塵劫，終不能得。」唐·李洞《和劉駕博士贈莊嚴律禪師》：「塵劫自營還自壞，禪門無住亦無歸。」

　〔四〕元公草：周敦頤《雩都遊羅田巖》詩。詩曰：「聞有山巖即去尋，亦躋雲外入松陰。雖然未是洞中境，且異人間名利心。」

過梅嶺

　　處處人緣山上巔，夜深風雨不能前。山林叢鬱休瞻〔一〕日，雲樹彌漫不見天。猿叫一聲聾耳聽〔二〕，龍泉三尺在腰懸〔三〕。此行漫說多辛苦，也得隨時草上眠。

【編年】

　　此詩正德十三年（1518）作於江西贛州。

　　梅嶺，即大庾嶺，五嶺之一。在江西、廣東交界處。古時嶺上多植梅，故

名梅嶺。唐‧杜甫《哭李常侍嶧》:「短日行梅嶺,寒山落桂林。」宋‧蘇軾《次韻韶倅李通直》:「回首天涯一惆悵,卻登梅嶺望楓宸。」

【校注】

〔一〕休瞻:宋‧趙企《泛湖晚歸》:「休瞻一鈎月,掛起旅人愁。」宋‧黃裳《送林君錫宣德》:「兩年官滿休瞻望,且與磨鉛了校讎。」

〔二〕聳耳聽:豎起耳朵聽,形容仔細地聽。《國語‧周語下》:「聽無聳。」三國‧吳‧韋昭注:「不聳耳而聽也。」宋‧王十朋《題訥庵》:「聽法雙峰空聳耳,老禪惟要一言無。」

〔三〕龍泉三尺在腰懸:唐‧李白《在水軍宴贈幕府諸侍御》:「寧知草間人,腰下有龍泉。」王琦注:「龍泉即龍淵也,唐人避高祖諱,改稱龍淵曰龍泉。」

謁文山祠

汗青〔一〕思仰晉春秋〔二〕,及拜遺像此靈遊。浩氣乾坤還有隘,孤忠今古與誰侔〔三〕?南朝〔四〕未必當危運,北虜〔五〕烏能臥小樓?萬世綱常〔六〕須要立,千山高峙贛江流。

【編年】

此詩正德十四年(1519)作於江西吉安。《萬曆吉安府志》卷十二:「螺川下,文山祠前二石東西並,壁高四尺。」

【校注】

〔一〕汗青:古時在竹簡上記事,先以火烤青竹,使水分如汗滲出,便於書寫,並免蟲蛀。後多指史冊。宋‧文天祥《過零丁洋》:「人生自古誰無死,留取丹心照汗青。」

〔二〕春秋:古編年史的通稱。如周之《春秋》,燕之《春秋》等。漢以後有《楚漢春秋》《吳越春秋》等。亦泛指史冊、歷史。《史記‧樂毅列傳》:「臣聞賢聖之君,功立而不廢,故著於春秋。」唐‧劉知幾《史通‧六家》:「墨子曰『吾見百國春秋』,蓋皆指此也。」

〔三〕侔:齊,等同。《說文‧人部》:「侔,齊等也。」宋‧張嵲《題均州超然亭》:「何年此地有新構,楊公巧智人誰侔?」

〔四〕南朝:泛稱位於南方的南宋。宋‧范仲淹《奏為契丹請絕元昊進貢利害》:「今有見虜主親信,須指揮夏州令楊守素入南朝勾當,必是動有關報。今來

虜使卻言北朝並不子細。」《宣和遺事》後集:「金人已渡河,乃呼曰:『使南朝若遣二千人守河,我輩怎生得渡哉?』」

〔五〕北虜:古代對北方匈奴等少數民族的蔑稱。《後漢書‧袁安傳》:「憲日矜己功,欲結恩北虜。」唐‧杜牧《雪中書懷》:「北虜壞亭障,聞屯千里師。」

〔六〕萬世綱常:宋‧趙昀《淳祐丙午講禮記畢錫宴秘書省賜侍讀少師鄭清之以下》:「三才義理維持力,萬世綱常建立功。」

獻俘南都回還登石鍾山次深字韻

我來扣石鐘,洞野鈞天深。荷簣〔一〕山前過,譏予尚有心〔二〕。

【編年】

此詩正德十四年(1519)作於江西九江。

石鍾山,《萬曆江西通志》卷十二:「石鍾山,在湖口縣,有二,上鍾山在縣南,下鍾山在縣北。酈道元謂下臨深潭,微風鼓浪,水石相搏,聲如洪鐘,宋蘇軾、羅洪先、李齡皆有記。」

據束景南《陽明佚文輯考編年》考證,邵寶在弘治十三年除江西按察司副使,十四年六月其視學往南康白鹿書院,之九江謁周濂溪墓,其作詩《上鍾石几》:「有石平堪隱,南溟一望深。萬峰青不了,一一點湖心。」〔註38〕陽明此詩即次其韻而作。

【校注】

〔一〕荷簣:應為荷蕢。《論語‧憲問》:「子擊磬於衛,有荷蕢而過孔氏之門者。曰:『有心哉,擊磬乎!』既而曰:『鄙哉,硜硜乎!莫己知也,斯已而已矣。深則厲,淺則揭。』」朱熹《論語集注》:「此荷蕢者亦隱士也。」後用為隱士之典。

〔二〕有心:謂懷有某種意念或想法。《詩經‧小雅‧巧言》:「他人有心,予忖度之。」《國語‧晉語一》:「君臣上下各靈其私,以縱其回,民各有心而無所據依。以是處國,不亦難乎!」此處謂陽明靖安地方的志向。

題倪雲林春江煙霧圖

煙渚晚日候,高林清嘯餘。輕舟來何處?幽人遺素書。筍脯〔一〕煮菰米〔二〕,松醪〔三〕薦菊俎。子有林壑趣〔四〕,天地一迂疏。

─────────
〔註38〕束景南《陽明佚文輯考編年》,第582頁。

陽明王守仁識。

【編年】

此詩作於正德十四年（1519）。此詩作於何年，無明確的時間指向。暫依束景南推測，編年於此〔註39〕。

詩見《自怡悅齋書畫錄》卷一。倪雲林，即倪瓚，字元鎮，號雲林，無錫人。〔註40〕

【校注】

〔一〕筍脯：把筍煮熟晾曬、加以調料的食物。元・虞集《奉別阿魯灰東泉學士遊甌越》：「筍脯嘗紅稻，蓴羹斫白魚。」

〔二〕菰米：菰之實。一名雕胡米，古以為六穀之一。唐・杜甫《秋興》其七：「波漂菰米陳雲黑，露冷蓮房墜粉紅。」

〔三〕松醪：用松肪或松花釀製的酒。唐・戎昱《送張秀才之長沙》：「松醪能醉客，慎勿滯湘潭。」宋・蘇軾《中山松醪賦》：「爛文章之糾纏，驚節解而流膏……收薄用於桑榆，製中山之松醪。」

〔四〕林壑趣：謂歸隱山林的樂趣。宋・方惟深《明教院》：「平生林壑趣，向此合留連。」金・張斛《平安關道中》：「行行謝冠冕，復我林壑趣。」

題仁峰精舍二首

【編年】

此組詩正德十五年（1520）作於安徽休寧。

據束景南《陽明佚文輯考編年》考證，《王陽明全集》卷二十有《書汪進之太極巖二首》與此二首應作於同時，此四詩均作「題」而不作「寄題」，則必是陽明在九華時又親往休寧縣憑弔題詩。汪循卒於正德十四年，陽明來仁峰精舍與太極巖憑弔，此《題仁峰精舍》二首，蓋可謂是汪循請其作仁峰精舍記遺願之完成也。〔註41〕

其一

仁峰山下有仁人，怪得山中物物春〔一〕。莫道山居渾獨善，問花移

〔註39〕束景南《陽明佚文輯考編年》，第590頁。
〔註40〕束景南《陽明佚文輯考編年》，第590頁。
〔註41〕束景南《陽明佚文輯考編年》，第598頁。

竹亦經綸。

【校注】

〔一〕物物春：宋・劉過《代壽韓平原》其五：「宇宙之間物物春，戚疏曾不間陶鈞。」
　　　明・陳獻章《和答王僉憲樂用》：「一物春知物物春，一年春亦萬年春。」

其二

山居亦自有經綸，才戀山居卻世塵。肯信道人無意必〔一〕，人間隨地著閑身〔二〕。

【校注】

〔一〕意必：猶意斷，固執。宋末元初・陳普《具體而微》「只爭思勉些微累，意必之心未絕無。」

〔二〕著閑身：宋・陸游《小築》：「小築茅茨鏡水濱，天教靜處著閑身。」宋・陸游《閒居初冬作》：「香碗蒲團又一新，天將閑處著閑身。」宋・陸游《雜題四首》其三：「解放船頭便千里，不愁無處著閑身。」

練潭館二首

【編年】

此組詩正德十五年（1520）作於安徽桐城。

練潭為湖，在桐城之南，安慶之北，練潭館為驛館，乃由九江往安慶、蕪湖、南京之必經之道。《道光桐城續修縣志》卷一：「練潭，有驛。北通縣城，南通安慶府，西通青草塥，東通樅陽，四達之衢。」〔註42〕

其一

風塵暗惜劍光沉，拂拭星文〔一〕坐擁衾。靜夜空林聞鬼泣，小堂春雨作龍吟。不須盤錯三年試，自信鑪錘〔二〕百煉深。夢斷五雲懷朔雁〔三〕，月明高枕聽山禽〔四〕。

【校注】

〔一〕星文：借指劍。唐・劉長川《寶劍篇》：「匣裏星文動，環邊月影殘。」

〔二〕鑪錘：本義指冶煉鍛造，引申為對人的磨煉和鍛造。《莊子・大宗師》：「夫無莊之失其美，據梁之失其力，黃帝之亡其知，皆在鑪捶之間耳。」陸德明

〔註42〕束景南《陽明佚文輯考編年》，第 600 頁。

釋文：「搥，本又作錘。」郭慶藩集釋：「鑪，灶也；錘，鍛也。以上三人皆因聞道然後忘其所務，以契其真，猶如世間器物假如鑪冶打鍛以成其用者耳。」

〔三〕朔雁：指北地南飛之雁。南朝・宋・謝靈運《撰征賦》：「眷轉蓬之辭根，悼朔雁之赴越。」唐・劉滄《與僧話舊》：「此時相見又相別，即是關河朔雁飛。」

〔四〕山禽：山中之鳥。南朝・陳・張正見《陪衡陽王遊耆闍寺》：「秋窗被旅葛，夏戶響山禽。」唐・杜甫《解悶》：「山禽引子哺紅果，溪友得錢留白魚。」

其二

春山出孤月，寒潭淨於練。夜靜倚闌干，窗明毫髮見。魚龍亙出沒，風雨忽騰變。陰陽失調停〔一〕，季冬乃雷電。依依林棲禽，驚飛復遲戀。遠客正懷歸，感之涕欲濺。風塵暗北阪〔二〕，財力傾南甸〔三〕。倐忽無停機，茫然誰能辨？吾生固逆旅，天地亦郵傳〔四〕。行止復何心，寂寞時看劍。

【校注】

〔一〕陰陽失調停：比喻陰陽規律失去平衡。

〔二〕風塵暗北阪：指北方胡人不斷侵擾邊界，多起爭端。

〔三〕財力傾南甸：指朝廷花費巨大財力物力和人力剿匪，用以安靖南贛汀漳。

〔四〕郵傳：指驛站。元末明初・張羽《驛船謠》：「古來天地如郵傳，過盡匆匆無限人。」陽明詩《白鹿洞獨對亭》：「我來爾為主，乾坤亦郵傳。」

遊龍山

探奇〔一〕凌碧嶠，訪隱入丹丘〔二〕。樹老能人語，麋馴伴客遊。雲崖遺鳥篆〔三〕，石洞秘靈湫〔四〕。吾欲鞭龍起〔五〕，為霖遍九州。

【編年】

此詩正德十五年（1520）作於安徽桐城。

龍山，為懷寧之大龍山，《道光桐城續修縣志》卷一：「大幹，由烏龍嶺南過分水嶺，起大龍山。」《康熙桐城縣志》卷八：「大龍山，縣南百四十里，山石嶙峋，而勢蜿蜒若龍，故名。其東連出者，曰小龍山，山陽隸懷，陰隸桐。近之如盤，遠之如仵，有峰有壑，可屋可田。」〔註43〕

〔註43〕束景南《陽明佚文輯考編年》，第602頁。

【校注】

〔一〕探奇：謂探尋奇異的山水景物。唐·王維《藍田山石門精舍》：「探奇不覺遠，因以緣源窮。」宋·曾鞏《寄鄆州邵資政》：「沂險飛遊艇，探奇漾釣緡。」

〔二〕丹丘：神仙居住之地。《楚辭·遠遊》：「仍羽人於丹丘兮，留不死之舊鄉。」王逸注：「丹丘晝夜常明也。」宋·林景熙《宿臺州城外》：「荒驛丹邱路，秋高酒易醒。」

〔三〕鳥篆：篆體的古文字，行狀如鳥的爪跡，故稱。《後漢書·酷吏傳·陽球》：「或獻賦一篇，或鳥篆楹簡，而位升郎中，形圖丹青。」李賢注：「八體書有鳥篆，象形以為字也。」唐·韓愈《喜雪獻裴尚書》：「陣勢魚麗遠，書文鳥篆奇。」

〔四〕靈湫：深潭，大水池。古時以為大池中往往多靈物，故稱。宋·曾鞏《喜雨》：「更喜風雷生北極，頓驅雲雨出靈湫。」宋·卜祖仁《陳山龍湫》：「陳山蒼蒼東海頭，石壁裂缺藏靈湫。」

〔五〕宋·陸游《閔雨》：「鞭龍起風霆，尚繼豐年詩。」宋·陳文蔚《和胡應祥遊石井韻》：「鞭龍起為雨，微功不須論。」

梵天寺

晴日下孤寺，春波上淺沙。頹垣從草合〔一〕，虛閣入松斜。僧供餘紋石，經旛落繡花。客懷煩渴〔二〕甚，寒嗽佛前茶。

【編年】

此詩正德十五年（1520）作於安徽桐城。

梵天寺，在桐城。《康熙安慶府志》卷四：「梵天寺，在（桐城）雙港鋪西南十里，明萬曆間建。」按梵天寺正德間已有，萬曆間當是重修。〔註44〕

【校注】

〔一〕草合：南北朝·庾肩吾《隴西行》：「草合前迷路，雲濃後暗城。」宋·蘇軾《次韻李端叔送保倅翟安常赴闕兼寄子由》：「松荒三徑思元亮，草合平池憶惠連。」

〔二〕煩渴：宋·趙公豫《陪錢塘馬先生遊兩峰僧寺》：「坐久愁煩渴，供茶愛遠公。」

〔註44〕束景南《陽明佚文輯考編年》，第 603 頁。

端陽日次陳時雨寫懷寄程克光金吾

艾老蒲衰春事闌，天涯佳節得承歡。穿楊〔一〕有技饒〔二〕燕客〔三〕，賜扇〔四〕無緣愧漢官〔五〕。自笑獨醒還強飲，貪看競渡〔六〕遂忘餐。蒼生日夜思霡雨〔七〕，一枕江湖〔八〕夢未安。

【編年】

此詩正德十五年（1520）作於江西南昌。

《同治長興縣志》卷二十三：「陳霖，字時雨，號四山。弘治六年進士，初任行人。陞監察御史，獻替不忌諱，動戚避之。及巡按東粵，貪墨望風解組……時寧藩謀逆，屢招之，堅拒不從，間道赴巡撫王守仁軍中告警，因留帳前贊畫。隨征剿賊，斬首千餘。賊平，守仁言其功，復任南康，創議築城，民尸祝之。」陳霖與陽明乃在正德十四年平宸濠亂時相識。陳霖時為南康知府，戴罪立功，為陽明所賞識。〔註45〕

【校注】

〔一〕穿楊：射箭能於遠處命中楊柳的葉子，極言射技之精。《戰國策·西周策》：「楚有養由基者，善射；去柳葉者百步而射之，百發百中。」唐·薛業《晚秋贈張折衝》：「位以穿楊得，名因折桂還。」

〔二〕饒：富饒，本指肥沃，引申為款待。

〔三〕燕客：宴請賓客。

〔四〕賜扇：宋·劉克莊《銘座一首》：「重金身寵生無益，賜扇恩深死未忘。」

〔五〕漢官：指古代少數民族王朝中的漢人官吏。《元史·祭祀志五》：「集賢院奏遣漢官，翰林院奏遣蒙古官，出璽書給驛以行。」

〔六〕競渡：划船比賽。南朝·梁·宗懍《荊楚歲時記》：「按五月五日競渡，俗為屈原投汨羅日，傷其死所，故並命舟楫以拯之。」唐·白居易《和萬州楊使君四絕句·競渡》：「競渡相傳為汨羅，不能止遏意無他。」

〔七〕霡雨：魏晉·張載《霡雨詩》：「霡雨餘旬朔，濛昧日夜墜。」

〔八〕一枕江湖：宋·林景熙《練川道中次胡汲古韻》：「一枕江湖夢，五更風雨舟。」

石屋山詩

雲散天寬石徑通，清飂〔一〕吹上最高峰。遊仙船古蒼苔合，伏虎巖

〔註45〕束景南《陽明佚文輯考編年》，第 630 頁。

深綠草封。丈室〔二〕尋幽無釋子〔三〕，半崖呼酒喚奚童〔四〕。憑虛極目千山外，萬井〔五〕江樓一望中。

【編年】

此詩正德十五年（1520）作於江西新淦。

【校注】

〔一〕清飈：清風。唐・顧況《嚴公釣臺作》「捨舟遂長往，山谷多清飈。」

〔二〕丈室：佛教語。相傳毗耶離（在中印度）維摩詰大士以稱病為由，與前來問疾的文殊等討論佛法，妙理貫珠。其臥疾之室雖一丈見方而能容納無數聽眾。以「丈室」稱寺主的房間。唐・惠能《壇經・機緣品》：「一夕，獨入丈室。請問：如何是某甲本心本性？」舊題宋・尤袤《全唐詩話・周樸》：「樸，唐末詩人。寓於閩中僧寺，假丈室以居，不飲酒茹葷，塊然獨處。」

〔三〕釋子：僧徒的通稱。取釋迦弟子之意。《雜阿念經》：「若欲為福者，應於沙門釋子所作福。」唐・韋應物《寄皎然上人》：「吳興老釋子，野雪蓋精廬。」

〔四〕奚童：亦作「奚僮」，未成年的男僕。明・陳所聞《懶畫眉・王明府雲池命歌者攜酒桃花下》曲：「王郎譜曲教奚童，不說周郎顧曲工。」

〔五〕萬井：古代以地方一里為一井，萬井即一萬平方里。千家萬戶。唐・陳子昂《謝賜冬衣表》：「三軍叶慶，萬井相歡。」宋・張孝祥《水調歌頭・桂林中秋》：「千里江山如畫，萬井笙歌不夜。」

雲騰颭馭祠詩

玉笥之山仙所居，下有元窟〔一〕名雲儲〔二〕。人言此中感異夢，我亦因之夢華胥〔三〕。碧山明月〔四〕夜如晝，清溪涓涓流階除。地靈自與精神冥，忽入清虛覷真境。貝闕珠宮炫凡目，鸞輿鶴輅分馳騁。金童兩兩吹紫霄，玉笥真人坐相並。笑我塵寰久污濁，胡不來遊凌倒景？覺來枕席尚煙霞，乾坤何處真吾家？醒眼相看世能幾，夢中說夢空諮嗟。

【編年】

此詩正德十五年（1520）作於江西峽江。

《同治峽江縣志》卷一：「玉笥山，縣東三十里。山之峰巒連絡不絕，舊名群玉峰，根蟠百里，道書第十七洞天，第八福地。世傳漢武帝時，降玉笥於

山，故名。」按正德十五年六月，陽明由南昌返贛，途經清江、新淦、峽江，曾往遊玉笥山，多有題詠。錢德洪《陽明先生年譜》：「正德十五年六月，如贛。十四日，從章口入玉笥大秀宮。十五日，宿雲儲。十八日，至吉安，遊青原山，和黃山谷詩，遂書碑。行至泰和，少宰羅欽順以書問學。」〔註46〕

【校注】

〔一〕元窟：宋・王佐才《贈徐微中畫龍》：「後來高士探元窟，素縑摹畫求形容。」

〔二〕雲儲：即雲騰廟。《雍正江西通志》卷一百八：「雲騰廟，在府城西。唐吉州刺史吳世雲罷政，隱玉笥山，修道成仙，為立廟。天寶中，賜額雲儲。大順中，改今額。」

〔三〕我亦因之夢華胥：唐・李白《夢遊天姥吟留別》：「我欲因之夢吳越，一夜飛度鏡湖月。」

〔四〕碧山明月：明・王守仁《將遊九華移舟宿寺山二首》其二：「風詠不須沂水上，碧山明月更清輝。」

石溪寺

　　杖錫飛身到赤霞，石橋閑坐演三車〔一〕。一聲野鶴波濤起，仙風吹送寶靈〔二〕花。

【編年】

　　此詩正德十五年（1520）六月作於江西新淦。

　　詩見《同治新淦縣志》卷二，云：「石溪寺，在五都，王守仁有詩。」
〔註47〕

【校注】

〔一〕三車：佛教語，喻三乘。謂以羊車喻聲聞乘（小乘），以鹿車喻緣覺乘（中乘），以牛車喻菩薩乘（大乘）。見《法華經・譬喻品》。南朝・宋・謝靈運《緣覺聲聞合贊》：「誘以涅槃，救爾生老。肇元三車，翻乘一道。」唐・李白《僧伽歌》：「真僧法號號僧伽，有時與我論三車。」

〔二〕寶靈：謂帝王的靈威。漢・焦贛《易林・益之困》：「盜竊滅身，貳母不親，王后無黨，毀其寶靈。」

〔註46〕束景南《陽明佚文輯考編年》，第 646～645 頁。

〔註47〕束景南《陽明佚文輯考編年》，第 648 頁。

送王巴山學憲歸六合

衡文豈不重，竹帛總成塵〔一〕。且脫奔馳苦，歸尋故里春。人生亦何極，所重全其貞。去去勿復道〔二〕，青山不誤人。

【編年】

此詩正德十五年（1520）作於江西贛州。

詩見《光緒六合縣志》卷七。王巴山，即王弘，字叔毅，家於六合巴山，故號巴山。《光緒六合縣志》卷一：「巴山，在縣西北四十五里，高四十丈，周二里，有寺。明副使王弘家於此，因號『巴山先生』。」〔註48〕

【校注】

〔一〕竹帛總成塵：竹帛，書籍、史籍。《史記‧孝文本紀》：「然後祖宗之功德著於竹帛，施於萬世，永永無窮，朕甚嘉之。」宋‧洪适《壽秦太師》其二：「竹帛班班社稷臣，陳編窺讀已成塵。」

〔二〕去去勿復道：古典詩歌習用語，如唐‧孟郊《感懷》其三：「去去勿復道，苦饑形貌傷。」宋‧梅堯臣《范殿丞通判秦州》：「去去勿復道，磊落為男兒。」

何石山招遊燕子洞〔一〕

石山招我到山中，洞外煙浮濕翠濃。我向岸崖尋古句，六朝遺事〔一〕寄松風〔二〕。

【編年】

此詩正德十五年（1520）作於江西銅陵。

【校注】

〔一〕六朝遺事：六朝的過往史事。唐‧劉禹錫《臺城懷古》：「清江悠悠王氣沉，六朝遺事何處尋。」宋‧李綱《玉蝴蝶》：「六朝遺事，蕭索難尋。」

〔二〕松風：松林清風。《南史‧隱逸傳下‧陶弘景傳》：「特愛松風，庭院皆植松，每聞其響，欣然為樂。」唐‧杜甫《玉華宮》：「溪迴松風長，蒼鼠竄古瓦。」

題倪小野清暉樓

經鋤〔一〕世澤著南州，地接蓬萊近斗牛。意氣元龍〔二〕高百尺，文

章司馬〔三〕壯千秋。先幾入奏功名盛，未老投簪物望優。三十年來同出處，清暉樓對瑞雲樓。

【編年】

此詩正德十六年（1521）作於浙江餘姚。

倪小野即倪宗正，字本端，號小野，其居清暉佳氣樓，與陽明出生地瑞雲樓相對（《倪小野先生全集》卷二有《清暉佳氣樓記》），蓋自小兩人已相好熟識。〔註49〕

【校注】

〔一〕經鋤：《漢書·兒寬傳》：「帶經而鉏，休息輒讀誦。」後以「經鋤」為耕讀之典。宋·陳藻《經鋤》：「兩間陋屋榜經鋤，經是心明鋤是蔬。種果始初花可玩，繞牆藤蔓實堪儲。若能棲止身為鳳，何必賓士食要魚。人見此間無五畝，誰知藝圃本寬舒。」

〔二〕元龍：東漢三國時期之陳登。《三國志·魏志·陳登傳》：「陳登者，字元龍，在廣陵，有威名。又犄角呂布有功，加伏波將軍，年三十九卒。後許汜與劉備並在荊州牧劉表坐，表與備共論天下人，汜曰：『陳元龍湖海之士，豪氣不除。』備謂表曰：『許君論是非？』表曰：『欲言非，此君為善士，不宜虛言；欲言是，元龍名重天下。』備問汜：『君言豪，寧有事邪？』汜曰：『昔遭亂過下邳，見元龍，元龍無客主之意，久不相與語，自上大牀臥，使客臥下牀。』備曰：『君有國士之名，今天下大亂，帝主失所望，君憂國忘家，有救世之意，而君求田問舍，言無可採，是元龍所諱也，何緣當與君語？如小人，欲臥百尺樓上，臥君於地，何但上下牀之間邪？』表大笑。備因言曰：『若元龍文武膽志，當求之於古。』」

〔三〕司馬：西漢司馬遷或司馬相如。

賀孫老先生入泮〔一〕

廿載名邦負笈頻，循循功業與時新。天池〔二〕朝展柔楊枝，泮水〔三〕先藏細柳春。

【編年】

此詩正德十六年（1521）作於浙江餘姚。

〔註49〕束景南《陽明佚文輯考編年》，第 710 頁。

【校注】

〔一〕孫老先生：待考，束景南疑為孫燧之父〔註50〕。

〔二〕天池：天界水池。唐・韓愈《漫作》其一：「玄圃珠為樹，天池玉作砂。」

〔三〕泮水：古代學宮前的半月形的水池。《詩經・魯頌・泮水》：「思樂泮水，薄采其芹。」毛傳：「泮水，泮宮之水也。」鄭玄箋：「泮之言半也。半水者，蓋東西門以南通水，北無也。」

送人致仕〔一〕

人生貴適意〔二〕，何事久天涯。栗里堪栽柳〔三〕，青門好種瓜〔四〕。冥鴻辭網罟，塵土換煙霞。有子真麒麟，歸歟莫怨嗟〔五〕。

【編年】

此詩作於正德十六年（1521），地點待考。

【校注】

〔一〕詩中所送之人，待考，束景南推測此人或為唐龍〔註51〕。

〔二〕人生貴適意：古典詩歌中習用之語，如宋・陸游《酒熟醉中作短歌》：「人生貴適意，富貴安可苟。」宋・仲並《戲李彥平李德邵》：「人生貴適意，自苦良亦癡。」

〔三〕栗里堪栽柳：栗里，在江西九江西南，陶潛曾於此，陶潛亦自號五柳先生。南朝・梁・蕭統《陶靖節傳》：「淵明嘗往廬山，弘命淵明故人龐通之齎酒具於半道栗里之間。」晉・陶潛《五柳先生傳》：「先生不知何許人，不詳姓字，宅邊有五柳樹，因以為號焉。」

〔四〕青門好種瓜：漢長安城東南門。本名霸城門，因其門色青，故俗呼為青門。《三輔黃圖・都城十二門》：「長安城東，出南頭第一門曰霸城門。民見門色青，名曰青城門，或曰青門。門外舊出佳瓜，廣陵人召平為秦東陵侯，秦破，為布衣，種瓜青門外。」三國・魏・阮籍《詠懷》之六：「昔聞東陵瓜，近在青門外。」

〔五〕歸歟莫怨嗟：《論語・公冶長》：「子在陳曰：『歸與！歸與！吾黨之小子狂簡，斐然成章，不知所以裁之。』」

〔註50〕束景南《陽明佚文輯考編年》，第717頁。
〔註51〕束景南《陽明佚文輯考編年》，第725頁。

春暉堂

　　春日出東海，照見堂上萱〔一〕。遊子萬里歸，斑衣戲堂前。春日熙熙萱更好，萱花長春春不老。森森蘭玉氣正芬，翳翳桑榆景猶早。忘憂願母長若萱，報德兒心苦於草〔二〕。君不見，柏臺白晝飛清霜，到處草木皆生光。若非堂上春暉好，安能肅殺迴春陽？

【編年】

　　此詩嘉靖元年（1522）作於浙江蘭溪。

　　春暉堂，《乾隆浙江通志》卷四十七：「春暉堂，《蘭谿縣志》：『在城中，唐龍建，董玘為記。』」

【校注】

　〔一〕堂上萱：母親。《詩經・衛風・伯兮》：「焉得諼草，言樹之背。」毛傳：「諼草令人忘憂；背，北堂也。」陸德明《經典釋文》：「諼，本又作萱。」謂北堂樹萱，可以令人忘憂。古制，北堂為主婦之居室。後因以萱堂指母親的居室，並借以指母親。

　〔二〕報德兒心苦於草：唐・孟郊《遊子吟》：「慈母手中線，遊子身上衣。臨行密密縫，意恐遲遲歸。誰言寸草心，報得三春暉。」

鎮海樓

　　越嶠西來此閣橫，隔波煙樹見吳城。春江巨浪兼山湧〔一〕，斜日孤雲傍雨晴。塵海茫茫真斷梗〔二〕，故人落落已殘星。年來出處嗟無累〔三〕，相見休教白髮生。

【編年】

　　此詩嘉靖二年（1522）作於浙江蕭山。

　　鎮海樓，元・袁桷《延祐四明志》卷八：「鎮海樓，在府堂之東偏。宋寶祐二年，守胡榘建。」

【校注】

　〔一〕春江巨浪兼山湧：句法模擬杜甫《秋興八首》其一：「江間波浪兼天湧，塞上風雲接地陰。」

　〔二〕斷梗：被折斷的葦梗。唐・李賀《詠懷》之一：「梁王與武帝，棄之如斷梗。」宋・周邦彥《宴清都》：「寒吹斷梗，風翻暗雪，灑窗填戶。」

〔三〕無累：無牽掛負累。唐太宗《大唐三藏聖教序》：「松風水月，未足比其清華；
　　　仙露明珠，詎能方其朗潤。故以智通無累，神測未形。」宋・王安石《到家》：
　　　「身閒自覺貧無累，命在誰論進有材。」

次張體仁聯句韻〔一〕

　　問俗觀山兩劇匆，雨中高興諒誰同。輕雲薄靄千峰曉，老木滄波萬
里〔二〕風。客散野鳧〔三〕從小艇，詩成巖桂發新叢。清詞寄我真消渴
〔四〕，絕勝金莖吸露〔五〕筒。

【編年】

　　此詩弘治十六年（1503）作於浙江杭州。此詩寫作時間待考，暫編年於
本年。

【校注】

〔一〕張體仁，生平待考。
〔二〕滄波萬里：古典詩歌之習見套語，如宋・陸游《漁扉》：「萬里滄波鷗乍沒，
　　　千年華表鶴重歸。」宋・李正民《次韻王廷老》：「歸心擬借南風便，萬里滄
　　　波一葉舟。」
〔三〕野鳧：野鴨。《隋書・盧思道傳》：「匹晨雞而共飲，偶野鳧以同膳。」宋・梅
　　　堯臣《東溪》：「野鳧眠岸有閑意，老樹著花無醜枝。」
〔四〕消渴：消渴之疾。《素問・奇病論》：「肥者令人內熱，甘者令人中滿，故其氣
　　　上溢，轉為消渴。」《史記・司馬相如列傳》：「相如口吃而善著書，常有消渴
　　　疾。」
〔五〕金莖吸露：《漢書・郊祀志》：「其後又作栢梁、銅柱、承露僊人掌之屬矣。」班
　　　固《西都賦》：「抗仙掌以承露，擢雙立之金莖。」李善注：「金莖，銅柱也。」

玉山斗門〔一〕

　　胼眠〔二〕深感昔人勞，百尺洪梁壓巨鰲。潮應三江天塹逼，山分海
門兩岸高。濺空飛雪和天白，激石衝雷動地號。聖代不憂陵谷〔三〕變，
坤維〔四〕千古護江皋。

【編年】

　　此詩嘉靖四年（1525）作於浙江紹興。

【校注】

〔一〕玉山斗門：宋・施宿等《會稽志》卷十三曰：「又有玉山斗門八間，曾南豐所謂朱儲斗門是也，去湖最遠，去海最近。地勢斗下，泄水最速。其三間隸會稽，五間隸山陰。」

〔二〕胼胝：手腳老繭。《荀子・子道》：「夙興夜寐，耕耘樹藝，手足胼胝，以養其親。」《史記・李斯列傳》：「禹鑿龍門，通大夏，疏九河，曲九防，決淳水致之海，而股無胈，脛無毛，手足胼胝，面目黎黑。」

〔三〕陵谷：自然或人事之巨變。北周・庾信《周大將軍司馬裔神道碑》：「是以勒此豐碑，懼從陵谷，植之松柏，不忍凋枯。」唐・韓偓《亂後春日途經野塘》：「眼看朝市成陵谷，始信昆明是劫灰。」

〔四〕坤維：大地之正中央。《隋書・禮儀志》：「四方帝各依其方，黃帝居坤維。」

守歲詩並序

　　嘉靖丙戌之除，從吾道人自海寧渡江來訪，因共守歲。人過中年，四方之志益倦。客途歲暮，戀戀兒女室家，將舍所事走千里而歸矣。道人今年已七十，終歲往來湖山之間，去住蕭然，曾不知有其家室。其子穀又賢而孝，謂道人老矣，出輒長跪請留。道人笑曰：「爾之愛我也以姑息。吾方友天下之善士，以與古之賢聖者遊，正情養性，固無入而不自得。天地且逆旅，奚必一畝之宮而後為吾舍耶？」嗚呼！若道人者，要當求之於古，在今時則吾所罕睹也。是夜風雪，道人有作，予因次韻為謝。

　　多情風雪屬三餘〔一〕，滿目湖山是舊廬。況有故人千里至，不知今夜一年除。天心終古原無改〔二〕，歲時明朝又一初。白首如君真灑脫，恥隨兒子戀分裾。

【編年】

　　此詩嘉靖五年（1526）除夕作於浙江餘姚。

【校注】

〔一〕三餘：餘干、餘姚、餘杭三縣。北魏・酈道元《水經注・漸江水》：「漢末童謠云：『天子當興東南三餘之間。』」宋・王應麟《小學紺珠・地理・三餘》：「餘干、餘姚、餘杭。」

〔二〕天心終古原無改：天道運行的規律互古不變。宋・邵雍《冬至吟》：「冬至子
之半，天心無改移。一陽初起處，萬物未生時。」

贈岑東隱先生〔一〕二首

岑東隱老先生，余祖母族弟也，今年九十有四矣。雙瞳炯然，飲食
談笑如少壯，所謂聖世之人瑞者非耶？涉江來訪，信宿而別。感歎之
餘，贈之以詩。

【編年】

此組詩作於嘉靖五年（1526）歲初。

【校注】

〔一〕岑東隱：據束景南考證云：「岑東隱，即陽明祖母岑氏之族弟，據光緒《餘姚
岑氏慶堂宗譜》載，岑東隱名鼎，字懋實，號東隱，廩膳生，生於宣德九年
二月初七日丑時，卒於嘉靖五年九月廿一日寅時。」〔註52〕

其一

東隱先生白髮垂，猶能持竹釣江湄。身當百歲康強〔一〕日，眼見九
朝〔二〕全盛時。寂寂群芳搖落後，蒼蒼松柏歲寒枝〔三〕。結廬聞說臨瀛
海，欲問桑田幾變移〔四〕？

【校注】

〔一〕康強：強健。《尚書・洪範》：「身其康彊，子孫其逢，吉。」

〔二〕九朝：王陽明此時所處之嘉靖朝，加上洪武、建文、永樂、洪熙、宣德、正
統、天順、景泰、成化、弘治、正德，如果把建文歸入洪武，英宗正統、天
順合為一朝，共計九朝。

〔三〕松柏歲寒枝：《論語・子罕》：「子曰：『歲寒，然後知松栢之後彫也。』」

〔四〕桑田幾變移：晉・葛洪《神仙傳・王遠》：「麻姑自說云：『接侍以來，已見東
海三為桑田。』」

其二

聖學工夫在致知，良知知處即吾師。勿忘忽助能無間〔一〕，春到園
林〔二〕鳥自啼。

〔註52〕束景南《陽明佚文輯考編年》，第 832 頁。

【校注】

〔一〕勿忘勿助能無間:《孟子·公孫丑上》:「『敢問何謂浩然之氣?』曰:『難言也。
其為氣也,至大至剛,以直養而無害,則塞於天地之間。其為氣也,配義與
道;無是,餒也。是集義所生者,非義襲而取之也。行有不慊於心,則餒矣。
我故曰,告子未嘗知義,以其外之也。必有事焉,而勿正,心勿忘,勿助長
也。無若宋人然:宋人有閔其苗之不長而揠之者,芒芒然歸,謂其人曰:今
日病矣!予助苗長矣!其子趨而往視之,苗則槁矣。天下之不助苗長者寡
矣。以為無益而舍之者,不耘苗者也;助之長者,揠苗者也──非徒無益,
而又害之。』」

王陽明晚年對勿忘勿助的修養工夫闡發頗多,如錢德洪《陽明先生年譜》曰:
「(嘉靖七年十月),是月與豹書:『近歲山中講學者,往往多說勿忘勿助工夫
甚難。問之,則云:才著意便是助,才不著意便是忘,所以甚難。區區因問
之云:忘是忘箇甚麼?助是助箇甚麼?其人默然無對,始請問。區區因與說
我此間講學,卻只說箇必有事焉,不說勿忘勿助。必有事焉者,只是時時去
集義。若時時去用必有事的工夫,而或有時間斷,此便是忘了,即須勿忘。
時時去用必有事的工夫,而或有時欲速求效,此便是助了,即須勿助。其工
夫全在必有事焉上用,勿忘勿助,只就其間提撕警覺而已。若是工夫原不間
斷,即不須更說勿忘;原不欲速求效,即不須更說勿助。此其工夫何等明白
簡易,何等灑脫自在。今卻不去必有事上用工,而乃懸空守著一箇勿忘勿
助,漭漭蕩蕩,只做得箇沉空守寂,學成一箇痴騃漢,事來,即便牽滯紛擾,
不復能經綸宰制。此皆由學術誤人之故,甚可憫矣。』又與鄒守益書曰:『隨
處體認天理,勿忘勿助之說,大約未嘗不是。只要根究下落,即未免捕風捉
影。縱令鞭辟向裏,亦與聖門致良知之功尚隔一塵。若復失之毫釐,便有千
里之繆矣。世間無志之人既已見驅於聲利辭章之習,間有知得自己性分當求
者,又被一種似是而非之學迍絆羈縻,終身不得出頭。緣人未有真為聖人之
志,未免挾有見小欲速之私,則此種學問極足支吾眼前得過。是以雖在豪傑
之士,而任重道遠,志稍不力,即且安頓其中者多矣。』」

〔二〕春到園林:宋·方岳《山中》其三:「開門桃李俱塵土,春到園林曾不曾?」
宋·楊萬里《立夏前五日出郊送春》:「春到園林郵傳哉,藤陰次第庇莓苔。」

御校場詩〔一〕

絕頂秋深荒草平，昔人曾此駐傾城〔二〕。干戈消盡名空在，日夜無窮潮自生。谷口巖雲揚殺氣，路邊疏樹列殘兵。山僧似與人同興，相趁攀蘿認舊營。

【編年】

此詩嘉靖六年（1527）九月作於浙江杭州。

【校注】

〔一〕御校場：明・田汝成《西湖遊覽志》卷七：「月巖之左為中峰，其右為宋殿前司營。宋殿前司營為親軍護衛之所，俗稱御校場者是也。」

〔二〕昔人曾此駐傾城：相傳宋孝宗曾登御校場閱兵。明・吳之鯨《武林梵志》卷二曰：「最上為御校場，宋殿前司營親軍護衛之所，石笋隊列，名排牙石，一名隊石。相傳孝宗時登頂閱江，操執鐵杖六十觔許，上下如飛，以志恢復。」

恭弔忠懿夫人

夫人興廢蚤知幾，堪歎山河已莫支。夜月星精歸北斗，秋風環佩落西池。仲連蹈海心偏壯〔一〕，德曜投山隱未遲〔二〕。千古有誰長不死？可憐羞殺宋南兒。

【編年】

此詩嘉靖六年（1527）九月作於浙江杭州。

忠懿夫人，宋代徐應鑣妻方氏。《同治江山縣志》：「宋徐應鑣妻方氏，係錢塘人，國子司直徐應鑣妻。咸淳末，勸應鑣歸，欲椎髻練裳以從。應鑣曰：『朝廷養士三百年，豈可效巢、由高蹈？』氏曰：『妾觀宋室將亡，不忍見也。』遂作短歌以明志，投後園瑞蓮池以死。應鑣葬之西湖八盤嶺。明正德時，追贈忠懿夫人。」

【校注】

〔一〕仲連蹈海心偏壯：《史記・魯仲連傳》曰：「聊城亂，田單遂屠聊城。歸而言魯連，欲爵之。魯連逃隱於海上，曰：『吾與富貴而詘於人，寧貧賤而輕世肆志焉。』」

〔二〕德曜投山隱未遲：《後漢書・梁鴻傳》曰：「同縣孟氏有女，狀肥醜而黑，力舉石臼，擇對不嫁，至年三十。父母問其故，女曰：『欲得賢如梁伯鸞者。』

鴻聞而聘之。女求作布衣、麻屨，織作筐緝績之具。及嫁，始以裝飾入門。七日而鴻不答，妻乃跪牀下請曰：『竊聞夫子高義，簡斥數婦，妾亦僭蹇數夫矣。今而見擇，敢不請罪？』鴻曰：『吾欲裘褐之人，可與俱隱深山者，爾今乃衣綺縞，傅粉墨，豈鴻所願哉？』妻曰：『以觀夫子之志耳。妾自有隱居之服。』乃更為椎髻，著布衣，操作而前。鴻大喜曰：『此真梁鴻妻也，能奉我矣！』字之曰德曜，名孟光。居有頃，妻曰：『常聞夫子欲隱居避患，今何為默默，無乃欲低頭就之乎？』鴻曰：『諾！』乃共入霸陵山中，以耕織為業，詠詩書，彈琴以自娛。」

和理齋同年浩歌樓韻

長歌浩浩忽思休，拂枕山阿結小樓。吾道蹉跎〔一〕中道止〔二〕，蒼生困苦一生憂。蘇民曾作商家雨，適志重持渭水鈎〔三〕。歌罷一篇懷馬子，不思怒後佐成周〔四〕。

【編年】

此詩嘉靖六年（1527）十月作於江西弋陽。

理齋，江潮字，弘治十二年（1499）進士，與陽明為同年進士，此時被李福達誣陷，罷官居家。《雍正山西通志》卷八十五曰：「江潮，字天信，貴谿人。弘治己未進士。正德間，歷任有風采，視學，人稱冰鑑。乙酉，以文武才被薦拜都察院右副都御史，巡撫山西兼督三關軍務。下車未數日，即行邊閱城堡堅瑕，芻粟豐約與諸將士勇怯，策緩急而弛張之。居二年，寇不敢近。太原人李福達以妖書惑眾，聚黨至數千人，震動三河，潮勒兵解之。福達操重資，逋匿他所，潮購捕益急，遂詭張寅名入京，夜持萬金為武定侯郭勛壽，因匿勛家。勛貽書山西部使者為關說，潮捕得其書，抗疏陳福達罪狀，併劾勛倚掖廷親，怙勢藏逆。疏三上，不報，因罷官，歸侍太夫人養。隆慶初，錄其忠，贈兵部左侍郎，諭祭，制辭有『持法正妖，矢忠遭謗』之詔。」

【校注】

〔一〕蹉跎：失意。南朝・齊・謝朓《和王長史臥病》：「日與歲眇邈，歸恨積蹉跎。」

〔二〕中道止：《論語・雍也》：「冉求曰：『非不說子之道，力不足也。』子曰：『力不足者，中道而廢，今女畫。』」

〔三〕渭水鈎：《史記・齊太公世家》：「呂尚蓋嘗窮困年老矣，以魚釣奸周西伯。西伯將出獵，卜之，曰：『所獲非龍非彲，非虎非羆，所獲霸王之輔。』於是周

西伯獵，果遇太公於渭之陽，與語大說，曰：『自吾先君太公曰當有聖人適周，周以興，子真是邪？吾太公望子久矣。』故號之曰太公望，載與俱歸，立為師。」

〔四〕成周：周公輔周成王的時代。漢・揚雄《解嘲》：「有建婁敬之策於成周之世，則繆矣。」

謁增江祖祠〔一〕

海上孤忠歲月深，舊壇荒落杳難尋〔二〕。風聲再樹逢賢令，廟貌重新見古心〔三〕。香火千年傷旅寄，烝嘗〔四〕兩地歎商參。鄰祠父老皆仁里，從此增城是故林〔五〕。

【編年】

此詩嘉靖七年（1528）閏十月作於廣東增城。

錢德洪《陽明先生年譜》曰：「（正德七年十月），祀增城先廟。先生五世祖諱綱者，死苗難，廟祀增城。是月有司復新祠宇，先生謁祠奉祀。」束景南《王陽明年譜長編》曰：「忠孝祠於六月動建，至閏十月建成，陽明來謁，適逢祠廟冬烝，陽明謂『某適獲來烝』，『適來奉初烝』，可見陽明來謁先廟當在閏十月中旬也。」〔註53〕

【校注】

〔一〕增江祖祠：廣東增城王陽明六世祖王綱、五世祖王彥達之忠孝祠。

〔二〕海上孤忠歲月深，舊壇荒落杳難尋：王陽明《祭六世祖廣東糸議性常府君文》：「於維我祖，效節於高皇之世，肇禋茲土，歲久淪蕪。無寧有司之不遑，實我子孫門祚衰微，弗克靈承顯揚。蓋冥迷昏隔者八九十年，言念愴惻，子孫之心，亦徒有之。」張壹民《王性常先生傳》曰：「洪武二十四年，御史郭純始備上其事，得立廟死所。」據此可知，廣東增城忠孝祠始建於洪武二十四年（1391），至嘉靖七年（1529）重修，前後相隔 138 年之久，故曰「舊壇荒落杳難尋」。

〔三〕風聲再樹逢賢令，廟貌重新見古心：賢令指重修忠孝祠之廣東增城縣令朱道瀾。王陽明《祭六世祖廣東糸議性常府君文》：「顧表揚忠孝，樹之風聲，實良有司修舉國典，以宣流王化之盛美。」賢令，即重修忠孝祠的增城知縣朱

〔註53〕束景南《王陽明年譜長編》，第 2036 頁。

道瀾，王陽明《與提學副使蕭鳴鳳》曰：「予祖綱，洪武初為廣東參議，往平潮亂，至增江，遇海寇，卒為所害。其子赴難，死之。舊當有祠，想已久毀，可復建也。然詢諸邑耆，皆無知者。乃檄知縣朱道瀾，即天妃廟址鼎建，祀綱及其子彥達。」王陽明《批增城縣改立忠孝祠申》曰：「據增城縣申稱：『枲得廣東枲議王綱，字性常，洪武年間，因靖潮寇，父子貞忠大孝，合應崇祀。於城南門外天妃廟改立忠孝祠。』看得表揚忠孝，樹之風聲，以興起民俗，此最為政之先務，而該縣知縣朱道瀾乃能因該學師生之請，振舉廢墜，若此則其平日職業之修，志向之正，從可知矣。仰行該縣悉如所議施行，其神像牌位及祭物等項，俱聽從宜酌處。完日具由回報。此繳。」

〔四〕烝嘗：秋冬二祭，後世泛指祭祀。《詩經·小雅·楚茨》：「絜爾牛羊，以往烝嘗。」鄭玄箋：「冬祭曰烝，秋祭曰嘗。」

〔五〕從此增城是故林：王陽明《與提學副使蕭鳴鳳》曰：「（忠孝祠）既竣事，守仁往詣。祀事畢，駐節數日，不忍去，召集諸生，講論不輟，曰：『吾祖寓此，而甘泉又平生交義兄弟，吾視增城，即故鄉也。』」

參考文獻

一、王陽明全集資料

1. 王守仁撰，吳光、錢明、董平、姚延福編校《（新編本）王陽明全集》，浙江古籍出版社，2010 年版。

2. 王守仁撰，吳光、錢明、董平、姚延福編校《王陽明全集》，上海古籍出版社，2018 年版。

3. 王曉昕、趙平略點校《王文成公全書》，中華書局，2015 年版。

4. 王曉昕、趙平略點校《陽明先生集要》，中華書局，2008 年版。

5. 束景南《王陽明佚文輯考編年》，上海古籍出版社，2012 年版。

6. 束景南、查明昊《王陽明全集補編》，上海古籍出版社，2016 年版。

7. 謝廷傑編刻《王文成公全書》，明隆慶六年（1572）刻本。

8. 俞嶙輯《王陽明先生全集》，清康熙十二年（1673）是政堂刻本。

9. 四庫館編《王文成全書》，《文淵閣四庫全書》本。

10. 劉永宣編《王文成公集要》，清嘉慶三年（1798）刻本。

11. 張恢重修《王陽明先生集》，清道光五年（1825）刻本。

12. 王文德編《王文成公全書》，清道光六年（1826）刻本。

13. 張元濟等主編《王文成公全書》，《四部叢刊》初編重印本。

二、古籍類（按書名音序排列）

1. 《白居易集》，〔唐〕白居易撰，中華書局，1979 年版。

2.《班蘭臺集》，〔漢〕班固撰，〔明〕張溥輯，白靜生注，中州古籍出版社，1991 年版。

3.《鮑參軍集注》，〔南朝宋〕鮑照撰，錢仲聯增補集說校，上海古籍出版社，1980 年版。

4.《北齊書》，〔唐〕李百藥撰，中華書局，1972 年版。

5.《北史》，〔唐〕李延壽撰，中華書局，1974 年版。

6.《曹植集校注》，〔魏〕曹植撰，趙幼文校注，人民文學出版社，1984 年版。

7.《岑參集校注》，〔唐〕岑參撰，陳鐵民、侯忠義校注，上海古籍出版社，1981 年版。

8.《曾鞏集》，〔宋〕曾鞏撰，中華書局，1984 年版。

9.《長江集新校》，〔唐〕賈島撰，李嘉言新校，上海古籍出版社，1983 年版。

10.《陳亮集》，〔宋〕陳亮撰，中華書局，1987 年版。

11.《陳書》，〔唐〕姚思廉撰，中華書局，1972 年版。

12.《陳子昂集》，〔唐〕陳子昂撰，中華書局上海編輯所，1960 年版。

13.《誠齋集》，〔宋〕楊萬里撰，上海書店，1989 年影印《四部叢刊》本。

14.《楚辭集注》，〔宋〕朱熹撰，上海古籍出版社，1979 年版。

15.《春秋左傳注》，楊伯峻撰，中華書局，1990 年版。

16.《詞話叢編》，唐圭璋編，中華書局，1986 年版。

17.《東坡志林》，〔宋〕蘇軾撰，中華書局，1981 年版。

18.《杜詩詳注》，〔唐〕杜甫撰，〔清〕仇兆鰲注，中華書局，1979 年版。

19.《樊川詩集注》，〔唐〕杜牧撰，〔清〕馮集悟注，中華書局上海編輯所，1962 年版。

20.《范石湖集》，〔宋〕范成大撰，上海古籍出版社，1981 年版。

21.《高青丘集》，〔明〕高啟，上海古籍出版社，1985 年版。

22.《高適詩集編年箋注》，〔唐〕高適撰，劉開揚編注，中華書局，1981 年版。

23.《古詩十九首集釋》，〔漢〕無名氏撰，隋樹森集釋，中華書局，1955 年版。

24.《國語集解》，徐元誥集解，中華書局，1930 年版。

25.《韓昌黎詩繫年集釋》，〔唐〕韓愈撰，上海古籍出版社，1984 年版。

26.《韓非子集解》,〔清〕王先慎撰,上海書店,1986 年版。

27.《漢書》,〔漢〕班固撰,中華書局,1964 年版。

28.《漢魏六朝百三名家集》,江蘇古籍出版社,2002 年影印清光緒五年（1879）彭懋謙信述堂刻本。

29.《後漢書》,〔宋〕范曄撰,〔唐〕李賢等注,中華書局,1965 年版。

30.《花間集校》,〔後蜀〕趙崇祚編,李一氓校,人民文學出版社,1958 年版。

31.《淮南鴻列集解》,〔漢〕淮南王劉安編、劉文典集解,中華書局,1989 年版。

32.《黃庭堅詩集注》,〔宋〕黃庭堅撰,〔宋〕任淵、史容、史季溫注,中華書局,2003 年版。

33.《嵇康集校注》,〔晉〕嵇康撰,戴明揚校注,人民文學出版社,1962 年版。

34.《賈誼集校注》,〔漢〕賈誼撰,王洲明、徐超校注,人民文學出版社,1996 年版。

35.《駱臨海集箋注》,〔唐〕駱賓王撰,〔清〕陳熙晉注,上海古籍出版社,1985 年版。

36.《劍南詩稿校注》,〔宋〕陸游撰,錢仲聯校注,上海古籍出版社,1985 年版。

37.《金史》,〔元〕脫脫等撰,中華書局,1975 年版。

38.《晉書》,〔唐〕房玄齡等撰,中華書局,1974 年版。

39.《舊唐書》,〔後晉〕劉昫等撰,中華書局,1975 年版。

40.《舊五代史》,〔宋〕薛居正等撰,中華書局,1976 年版。

41.《老子道德經》,〔三國魏〕王弼注,上海書店,1986 年版。

42.《李東陽集》,〔明〕李東陽,嶽麓書社,1984 年版。

43.《李賀詩歌集注》,〔唐〕李賀撰,〔清〕王琦等注,上海古籍出版社,1977 年版。

44.《李夢陽集校箋》,〔明〕李夢陽撰,郝潤華校箋,中華書局,2020 年版。

45.《李商隱詩歌集解》,〔唐〕李商隱撰,劉學鍇、余恕誠集解,中華書局,1988 年版。

46.《李太白全集》,〔唐〕李白撰,〔清〕王琦輯注,中華書局,1979 年版。

47.《歷代詩話》,〔清〕何文煥輯,中華書局,1981 年版。

48.《歷代詩話續編》，丁福保輯，中華書局，1983 年版。

49.《梁書》，〔唐〕姚思廉撰，中華書局，1973 年版。

50.《遼史》，〔元〕脫脫等撰，中華書局，1974 年版。

51.《列朝詩集》，〔明〕錢謙益編，中華書局，2007 年版。

52.《林和靖詩集》，〔宋〕林逋撰，浙江古籍出版社，1986 年版。

53.《劉禹錫集》，〔唐〕劉禹錫撰，中華書局，1990 年版。

54.《柳宗元集》，〔唐〕柳宗元撰，中華書局，1979 年版。

55.《陸士衡詩注》，〔晉〕陸機撰，郝立權注，人民文學出版社，1958 年版。

56.《論衡校釋》，〔漢〕王充撰，黃暉校釋，中華書局，1980 年版。

57.《論語正義》，〔清〕劉寶楠撰，中華書局，1990 年版。

58.《呂氏春秋校釋》，陳奇猷，學林出版社，1984 年版。

59.《梅堯臣集編年校注》，〔宋〕梅堯臣撰，朱東潤編年校注，上海古籍出版社，1980 年版。

60.《孟東野詩集》，〔唐〕孟郊撰，人民文學出版社，1984 年版。

61.《孟浩然集》，〔唐〕孟浩然撰，〔明〕朱警輯，上海古籍出版社，1982 年版。

62.《孟子正義》，〔清〕焦循撰，中華書局，1987 年版。

63.《明儒學案》，〔清〕黃宗羲，中華書局，1985 年版。

64.《明詩別裁集》，〔清〕沈德潛、周準編，上海古籍出版社，1979 年版。

65.《明詩紀事》，〔清〕陳田編，上海古籍出版社，1993 年版。

66.《明詩綜》，〔清〕朱彝尊編，上海古籍出版社，1993 年版。

67.《明實錄》，〔明〕胡廣等編纂，中華書局，2016 年版。

68.《明史》，〔清〕張廷玉等撰，中華書局，1974 年版。

69.《明通鑒》，〔清〕夏燮撰，上海古籍出版社，1990 年版。

70.《墨子閒詁》，〔清〕孫詒讓撰，中華書局，1986 年版。

71.《南齊書》，〔梁〕蕭子顯撰，中華書局，1972 年版。

72.《南史》，〔唐〕李延壽撰，中華書局，1975 年版。

73.《聶豹集》，〔明〕聶豹撰，鳳凰出版社，2007 年版。

74.《歐陽德集》，〔明〕歐陽德撰，鳳凰出版社，2007 年版。

75.《皮子文藪》，〔唐〕皮日休，上海古籍出版社，1981 年版。

76.《錢德洪集》，〔明〕錢德洪撰，鳳凰出版社，2007 年版。

77.《全漢賦》，費振剛、胡雙寶、宗明華輯，北京大學出版社，1993 年版。

78.《全金元詞》，唐圭璋編，中華書局，1979 年版。

79.《全上古三代秦漢三國六朝文》，〔清〕嚴可均輯，中華書局，1987 年影印清光緒刻本。

80.《全宋詞》，唐圭璋編，中華書局，1979 年版。

81.《全唐詩》，〔清〕彭定求等編，中華書局，1960 年版。

82.《全唐文》，〔清〕董浩等編，中華書局，1983 年版。

83.《全唐五代詩》，〔清〕李調元編，巴蜀書社，1992 年版。

84.《泉翁大全集》，〔明〕湛若水撰，「中央研究院」中國文哲研究所，2004 年版。

85.《人物志》，〔魏〕劉劭撰文學古籍刊行社，1955 年版。

86.《容齋隨筆》，〔宋〕洪邁撰，上海古籍出版社，1978 年版。

87.《阮籍集校注》，〔晉〕阮籍撰，陳伯君校注，中華書局，1987 年版。

88.《三國志》，〔晉〕陳壽撰，〔宋〕裴松之注，中華書局，1964 年版。

89.《山海經校注》，袁珂校注，上海古籍出版社，1980 年版。

90.《尚書今古文注疏》，〔清〕孫星衍撰，中華書局，1986 年版。

91.《沈約集校箋》，〔南朝梁〕沈約撰，陳慶元校箋，浙江古籍出版社，1995 年版。

92.《詩集傳》，〔宋〕朱熹撰，中華書局上海編輯部，1962 年版。

93.《詩品注》，〔南朝梁〕鍾嶸撰，陳延傑注，人民文學出版社，1961 年版。

94.《十三經注疏》（整理本），李學勤主編，北京大學出版社，1999 年版。

95.《十三經注疏》，〔清〕阮元校刻，中華書局，1980 年影印世界書局縮印本。

96.《史記》，〔漢〕司馬遷撰，中華書局，1975 年點校本。

97.《世說新語箋疏》三卷，〔南朝宋〕劉義慶撰，余嘉錫箋疏，中華書局，1983 年版。

98.《司馬相如集校注》，〔漢〕司馬相如撰，朱一清、孫以昭校注，人民文學出版社，1996 年本。

99.《四書章句集注》，〔宋〕朱熹撰，中華書局，1983 年版。

100.《宋詩紀事》，〔清〕厲鶚撰，上海古籍出版社，1983 年版。

101.《宋史》，〔元〕脫脫等撰，中華書局，1977 年版。

102.《宋書》，〔梁〕沈約撰，中華書局，1974 年版。

103.《搜神記》二十卷，〔晉〕干寶撰，汪紹楹校注，中華書局，1979 年版。

104.《蘇軾詩集》，〔宋〕蘇軾撰，中華書局，1982 年版。

105.《蘇軾文集》，〔宋〕蘇軾撰，中華書局，1986 年版。

106.《隋書》，〔唐〕魏徵等撰，中華書局，1973 年版。

107.《陶潛集箋注》，〔東晉〕陶潛撰，袁行霈箋注，中華書局，2003 年版。

108.《王粲集》，〔魏〕王粲撰，俞紹初校點，中華書局，1980 年版。

109.《王昌齡詩注》，〔唐〕王昌齡撰，李雲逸注，上海古籍出版社，1984 年版。

110.《王建詩集》，〔唐〕王建撰，中華書局上海編輯所，1959 年版。

111.《王荊文公詩箋注》，〔宋〕王安石撰，〔宋〕李壁箋注，中華書局上海編輯所，1958 年版。

112.《王門宗旨》，〔明〕周汝登編，《四庫全書存目叢書》子部第 13 冊。

113.《王右丞集箋注》，〔唐〕王維撰，〔清〕趙殿成注，上海古籍出版社，1984 年版。

114.《王子安集》，〔唐〕王勃撰，商務印書館，1919 年《四部叢刊》影印本。

115.《韋莊集》，〔唐〕韋莊，人民文學出版社，1958 年版。

116.《魏書》，〔北齊〕魏收撰，中華書局，1974 年版。

117.《魏武帝魏文帝詩注》，〔魏〕曹操、曹丕撰，黃節注，人民文學出版社，1958 年版。

118.《溫飛卿詩集箋注》，〔唐〕溫庭筠撰、〔清〕曾益箋注，上海古籍出版社，1980 年版。

119.《文天祥全集》，〔宋〕文天祥撰，江西人民出版社，1987 年版。

120.《文心雕龍注》，〔南朝梁〕劉勰撰，范文瀾注，人民文學出版社，1958 年版。

121.《文選》，〔梁〕蕭統編，〔唐〕李善注，中華書局，1974 年版。

122.《文選》六十卷，〔南朝梁〕蕭統編，〔唐〕李善注，中華書局，1974 年

影印南宋淳熙八年（1181）尤袤刻本。

123. 《吳越春秋》十卷，〔漢〕趙曄撰，〔元〕徐天祜音注，《四部叢刊》影印明弘治刻本。

124. 《先秦漢魏晉南北朝詩》，逯欽立輯，中華書局，1983 年版。

125. 《謝康樂詩注》，〔南朝宋〕謝靈運撰，黃節注，人民文學出版社，1958 年版。

126. 《謝宣城集校注》，〔南宋齊〕謝朓撰，曹融南校注集說，上海古籍出版社，1991 年版。

127. 《新唐書》，〔宋〕歐陽修、宋祁撰，中華書局，1975 年版。

128. 《新五代史》，〔宋〕歐陽修撰、徐無黨注，中華書局，1974 年版。

129. 《荀子集解》，〔清〕王先謙撰，中華書局，1988 年版。

130. 《弇山堂別集》，〔明〕王世貞撰，中華書局，2006 年版。

131. 《揚雄集校注》，〔漢〕揚雄撰，張震澤校注，上海古籍出版社，1993 年版。

132. 《楊一清集》，〔明〕楊一清撰，中華書局，2001 年版。

133. 《姚江逸詩》，〔明〕黃宗羲編，《四庫全書存目叢書》集部第 400 冊。

134. 《庾子山集注》，〔北周〕庾信撰，〔清〕倪璠注，中華書局，1980 年版。

135. 《玉臺新詠箋注》，〔陳〕徐陵編，〔清〕吳兆宜注，中華書局，1985 年版。

136. 《元次山集》，〔唐〕元結撰，中華書局上海編輯所，1960 年版。

137. 《元史》，〔明〕宋濂等撰，中華書局，1976 年版。

138. 《元遺山詩集箋注》，〔金〕元好問撰，〔清〕施國祁注，人民文學出版社，1959 年版。

139. 《元稹集》，〔唐〕元稹撰，中華書局，1982 年版。

140. 《樂府詩集》，〔宋〕郭茂倩編，中華書局，1979 年版。

141. 《戰國策》，〔漢〕高誘注，上海古籍出版社，1978 年版。

142. 《張衡詩文集校注》，〔漢〕張衡撰，張震澤校注，上海古籍出版社，1986 年版。

143. 《張籍詩集》，〔唐〕張籍撰，中華書局上海編輯所，1959 年版。

144. 《中國地方志集成》，鳳凰出版社編，鳳凰出版社，2012 年版。

145. 《周書》，〔唐〕令狐德棻等撰，中華書局，1971 年版。

146. 《朱子語類》，〔宋〕黎靖德編，中華書局，1986 年版。

147.《莊子集解》，〔清〕王先謙撰，中華書局，1987 年版。

148.《資治通鑒》，〔宋〕司馬光編著，中華書局，1956 年版。

149.《鄒守益集》，〔明〕鄒守益撰，鳳凰出版社，2007 年版。

三、當代學者學術專書（按姓氏音序排列）

1. 陳來《有無之境——王陽明哲學的精神》，人民出版社，1991 年版。

2. 陳少明《儒學的現代轉折》，遼寧大學出版社，1992 年版。

3. 丁為祥《實踐與超越——王陽明哲學的詮釋、解析與評價》，陝西人民出版社，1994 年版。

4. 董平《王陽明的生活世界》，中國人民大學出版社，2009 年版。

5. 杜維明《青年王陽明：行動中的儒家思想》，生活·讀書·新知三聯書店，2013 年版。

6. 干春松《制度化儒家及其解體》，中國人民大學出版社，2003 年版。

7. 郭齊勇《儒學與儒學史新論》，臺灣學生書局，2002 年版。

8. 郝永《王陽明謫龍場文編年評注與研究》，廈門大學出版社，2019 年版。

9. 華建新《王陽明詩歌研究》，安徽人民出版社，2008 年版。

10. 景海峰《中國哲學的現代詮釋》，人民出版社，2004 年版。

11. 李半知《居夷集》，貴州人民出版社，2020 年版。

12. 廖鳳琳《王陽明詩及其思想》，花木蘭出版社，2010 年版。

13. 廖可斌《明代文學復古運動研究》，商務印書館，2008 年版。

14. 林麗娟《吾心自有光明月——王陽明詩探究》，高雄復文圖書出版社，1998 年版。

15. 歐陽禎人《先秦儒家性情思想研究》，武漢大學出版社，2005 年版。

16. 錢明《陽明學的形成與發展》，江蘇古籍出版社，2002 年版。

17. 錢穆《陽明學述要》，九州出版社，2010 年版。

18. 秦家懿《王陽明》，生活·讀書·新知三聯書店，2014 年版。

19. 沈善洪、王鳳賢《王陽明哲學研究》，浙江人民出版社，1981 年版。

20. 舒大剛《中國歷代大儒》，吉林教育出版社，1997 年版。

21. 束景南《王陽明年譜長編》，上海古籍出版社，2018 年版。

22. 束景南《陽明大傳》，復旦大學出版社，2020 年版。

23. 宋佩韋《王陽明與明理學》，商務印書館，1931 年版。

24. 王博《簡帛思想文獻論集》，臺灣古籍出版有限公司，2001 年版。

25. 吳格《王陽明詩文選譯》，鳳凰出版社，2011 年版。

26. 吳光主編《陽明學綜論》，中國人民大學出版社，2009 年版。

27. 吳震《〈傳習錄〉精讀》，復旦大學出版社，2011 年版。

28. 吳震《王陽明著述選評》，上海古籍出版社，2004 年版。

29. 謝無量《陽明學派》，中華書局，1930 年版。

30. 楊國榮《心學之思──王陽明哲學的闡釋》，生活·讀書·新知三聯書店，1997 年版。

31. 楊天石《王陽明》，中華書局，1972 年版。

32. 張清河《王陽明貶謫詩文漫話》，西南交通大學出版社，2015 年版。

33. 張清河《王陽明詩歌選譯》，西南交通大學出版社，2008 年版。

34. 張祥浩《王守仁評傳》，南京大學出版社，2006 年版。

35. 張新民《陽明精粹》，孔學堂書局，2014 年版。

36. 張新民審定《新刊陽明先生文錄續編（影印本）》，孔學堂書局，2020 年版。

37. 鍾彩鈞《王陽明思想之進展》，臺北文史哲出版社，1982 年版。

38. 朱謙之《日本的古學及陽明學》，上海人民出版社，1962 年版。

39. 左東嶺《王學與中晚明士人心態》，商務印書館，2014 年版。

40. 〔日〕岡田武彥著、楊田等譯《王陽明大傳》，重慶出版社，2015 年版。

41. 〔日〕岡田武彥、荒木見悟、山井湧等編輯《陽明學大系》，日本明德出版社，1971 年版。